.

Tirso de Molina

La república al revés

Barcelona **2024**
Linkgua-ediciones.com

Créditos

Título original: La república al revés.

© 2024, Red ediciones S.L.

e-mail: info@Linkgua-ediciones.com

Diseño de cubierta: Michel Mallard.

ISBN tapa dura: 978-84-9953-795-5.
ISBN rústica: 978-84-9816-517-3.
ISBN ebook: 978-84-9953-254-7.

Sumario

Brevísima presentación

La vida
Tirso de Molina (Madrid, 1583-Almazán, Soria, 1648). España. Se dice que era hijo bastardo del duque de Osuna, pero otros lo niegan. Se sabe poco de su vida hasta su ingreso como novicio en la Orden mercedaria en 1600 y su profesión al año siguiente en Guadalajara. Parece que había escrito comedias, al tiempo que viajaba por Galicia y Portugal. En 1614 sufrió su primer destierro de la corte por sus sátiras contra la nobleza. Dos años más tarde fue enviado a la Hispaniola (actual República Dominicana), regresó en 1618. Su vocación artística y su actitud contraria a los cenáculos culteranos no facilitó sus relaciones con las autoridades. En 1625, el Concejo de Castilla lo amonestó por escribir comedias y le prohibió volver a hacerlo bajo amenaza de excomunión. Desde entonces solo escribió tres nuevas piezas y consagró el resto de su vida a las tareas de la orden.

Personajes

Irene, emperatriz
Constantino, su hijo
Carola, infanta
Lidora, dama suya
Melisa, pastora
Florilo, pastor
Italio, pastor
Honorato, senador
Cuatro guardas
Unos presos
Camila, criada
Roselio, Infante
Leoncio, camarero
Andronio, caballerizo
Macrino, secretario
Dos criados
Tarso, pastor
Dinampo, pastor
Damón, alcalde
Clodio, galán
Liso, pastor
El rey de Chipre
Relator
La Fortuna
Unos cazadores
Soldados

Jornada primera

(Salen marchando soldados, y detrás de ellos Irene, armada con bastón y corona de emperatriz.)

Irene   Cesen, griegos, las trompetas;
cesen las cajas también;
haced los pífanos rajes
y los clarines romped;
abatid los estandartes
y no los enarboléis,
que el placer de mis victorias
ya es pesar y no placer.
¡Ay, Constantinopla ingrata,
patria a tus hijos cruel!
¿Éste es mi recibimiento?
¿Éste el triunfo imperial es?
¿Así mis hazañas pagas,
cuando entrar en ti pensé
sobre el victorioso carro
entre el bélico tropel?
¿Cuando entendí que el senado,
debajo el palio y dosel
me llevara a Santa Sofia
yo a caballo y él a pie,
y adornando tus paredes
de damasco y brocatel,
tus calles, de flores llenas,
fueran calles de un vergel?
¿Agora, cuando aguardaba
recibir el parabién
de tantos reinos ganados,
tantos cetros a mis pies;
ahora, senado ingrato;

ahora, griego sin ley,
el imperio me quitáis
porque mi hijo goce de él?
Yo le quiero coronar,
pues vosotros lo queréis,
descubra su excelso trono
el imperial sumiller,
y ruego al cielo que os rija,
vasallos griegos, tan bien,
que defienda vuestro imperio
sin que me hayáis menester.

(Tocan música; descubren una cortina detrás de la cual estará, debajo de
un dosel, Constantino, y a sus lados, y en pie, Leoncio, Andronio, Macrino, y
otros. A un lado, en una mesilla, estará sobre una fuente de plata la corona,
el estoque, y el mundo.)

Constantino   Injustas quejas has dado,
                     madre, en aquesta ocasión
                     al griego imperio y senado
                     que muestran el ambición
                     con que el mundo has gobernado.
                         ¿Qué mayores quejas dieras
                     si, cuando a Grecia vinieras
                     triunfando con regocijo,
                     en vez de imperar tu hijo
                     un extraño imperar vieras?
                         ¿Tan mal, madre, galardona
                     el imperio tu persona,
                     si el día que entras triunfando
                     a tu hijo le está dando
                     del imperio la corona?
                         Basta, que tu desatino
                     —que este nombre ha de tener—

a vituperarme vino;
Semíramis querrás ser
y hacerme a mí infame Nino.
    Porque mientras que atropellas
bárbaros, y cuerpos huellas
con guerra que el mundo abrasa
me quede encerrado en casa
hilando con tus doncellas.
    Hijo tienes que ya alcanza
en la milicia alabanza;
holandas, madre, dibuja;
que a la mujer el aguja
le está bien, mas no la lanza.

Irene   Si hombre en el imperio hubiera,
Constantino, que hasta ahora
le amparara, Irene fuera
Penélope tejedora,
no Semíramis guerrera.
    Mas si cuando el Persa vino
las telas del raso y lino
con oro y perlas bordara,
¿quién sus escuadras echara
del imperio, Constantino?
    Los hombres no, que en regalos
y femeniles placeres,
por huir sus intervalos
hilaran como mujeres
y fueran Sardanapalos.

(Tocan música y sube a coronarle Irene; pónele la corona en la cabeza.)

    Hágate Dios gran monarca,
y tanto, que este laurel

11

ciña lo que el Sol abarca,
y triunfes del moro infiel
sin que lo estorbe la Parca.

(Dale el estoque.) Toma aqueste estoque agudo
que hoy te ofrece, emperador,
tu imperio, limpio y desnudo,
en señal que en su favor
has de acudir como acudo.

Dátele limpio y derecho
porque en ninguna ocasión,
si has de ser juez de provecho,
le ha de manchar la pasión
ni ha de torcerle el cohecho.

Si por dádivas le sueltas
vivirás con mil revueltas,
que el juez que por interés
tuerce la justicia es
espada con muchas vueltas.

La cruz de este estoque mira,
y verás salir a luz
un consejo que me admira;
siempre has de mirar la cruz
cuando estuvieres con ira;

que su piadosa presencia
amansará tu violencia,
y fue invención extremada
poner juntas en la espada
la justicia y la clemencia.

(Dale el mundo.) Toma este globo, en quien fundo
tu imperio, y serás gigante,
o nuevo Alcides segundo,
pues, cual si fueras Atlante,
te han cargado todo el mundo.

Siempre has de vivir así,

la espada desenvainada
junto al mundo que te di,
porque en dejando la espada
te dejará el mundo a ti.
    Quiero decir que es en vano
el librar de algún tirano
tu imperio si te desarmas,
que el reino que está sin armas
deslízase de la mano.
    Tenlo bien, siendo prudente,
que con la prudencia sola
gobernarás bien tu gente,
porque como el mundo es bola
rodaráse fácilmente.
    La cruz que ves de ese modo
es la ley de Dios, y estima
su ley, a que te acomodo,
que por aqueso está encima,
porque Dios es sobre todo.
    Con tres cruces galardona
el imperio tu persona,
y cada cual es pesada;
púsote cruz en la espada,
en el mundo y la corona.
    Ruego al cielo que no des,
cuando ruede la Fortuna,
con tanta Cruz al través,
que si Dios cayó con una,
¿que harás tú llevando tres?

Constantino   Cesa, madre, de agorarme,
si no quieres enojarme,
que yo me sabré tener,
y cuando venga a caer

será para levantarme.
Constantino soy, mi nombre
dice constancia; resiste
tu temor y no te asombre,
que pues que tú te tuviste,
yo me tendré, que soy hombre.
Vamos, amigos, que presto
veréis a mis plantas puesto,
sin temor de enojos vanos,
el mundo que está en mis manos.
Mas —¡válgame Dios!— ¿qué es esto?

(Levántase y al bajar cae en tierra con el estoque que se le quiebra, el mundo y la corona.)

Caí en tierra y la espada
se me quebró.

Irene   Mi recelo
aumenta la suerte airada.

Leoncio   La corona dio en el suelo,
y el mundo.

Constantino   No se os dé nada,
que a tanta soberbia vuelo
que si con caer no diera,
señal que me basta el suelo,
guerra al mismo cielo hiciera
hasta conquistar el cielo.

Irene   Diversa interpretación
adivina el corazón.
Ahora bien, yo determino

irme a vivir, Constantino,
a una aldea y recreación
     que dos leguas de este espacio
está, donde en su floresta
seré, viviendo despacio,
si hasta aquí Belona, Vesta,
que ya me enfada el palacio;
     y dando a Marte de mano,
imitaré a Diocleciano,
que tuvo por vituperio
la púrpura del imperio
hecho en Dalmacia hortelano.

Constantino
     Bien haces, anda con Dios,
que allí podrá tu viudez
descansar.

Irene
          Trono, de vos
caí en tierra una vez
y no quiero caer dos.
     En vos me vi entronizada,
mas caí por ser pesada,
y es milagro asiento falso
que, cayendo de tan alto,
no salgo descalabrada.

Constantino
     ¿Vaste?

Irene
          Aguardo a que me des
los brazos.

Constantino
               Adiós, que es tarde;
acompañadla los tres.

Irene	Dios, griego imperio, te guarde, que vas a dar al través.

(Vase. Salen dos criados.)

Criado I	Una flota entra en la barra y alegre en el puerto amarra, dando al viento los grumetes, flámulas y gallardetes.
Constantino	A ocasión vendrá bizarra, si es mi esposa, que ella sola aguardo.
Criado II	Griego monarca, la bella infanta Carola en el puerto desembarca.
Constantino	¿Mi esposa es? ¡Caballos, hola!

(Vanse todos si no es Leoncio, y quédase el mundo en tierra.)

Leoncio	Mundo, en tierra os han dejado;
	¿cómo estáis tan despreciado?
	Con honra poca os reciben;
	mas no es mucho que os derriben
	por los que habéis derribado.
	  ¿Levantaréos, mundo? Sí,
	que aunque pagáis mal, me fundo
	en levantaros, vení;
	mas pues os levanto, mundo,
	levantadme vos a mí.
	  Pero si he de caer luego,
	dejadme así, mundo ciego,

que será el subir trabajo
si me habéis de echar abajo.

(Dentro.)

Voz   Leoncio, emperador griego.

(Ábrese el mundo en cuatro partes, y de en medio sale una mano con una corona de laurel.)

Leoncio   ¡Cielos! El mundo se ha abierto
y una mano sale de él
que, haciendo mi temor cierto,
me da el imperial laurel.
¿Sueño? No, que estoy despierto.
   Buenas señales son éstas,
si no se vuelven funestas;
vamos, que quiero pagaros,
mundo, este bien con llevaros,
aunque sois pesado, a cuestas.

(Vase. Suena ruido de desembarcar. Dicen de dentro.)

Marinero I   ¡Chipre!

Marinero II   ¡Constantinopla!

Todos   ¡Grecia! ¡Grecia!

Marinero III   Echa a tierra la puente y pasadizo.
                       ....[-ecia].

(Salen por una puerta Constantino, Leoncio, Andronio y Macrino; por otra parte echan desde la popa de una galera un pasadizo al tablado, y bajan por él Carola, la infanta; Lidora, dama; Roselio, su hermano, y otros.)

Constantino   Palafrenes traed, caballerizo,
                     para la Infanta y damas.

Roselio   ¡Qué bien precia
                     esta ciudad el mundo, y qué bien hizo
                     el magno Constantino en ilustrarla
                     y con su nombre, imperio y silla honrarla!

Carola   ¡Famoso puerto y espaciosa playa!
                     No es tal la de mi patria Famagusta.

Roselio   Dudo que igual en toda Europa la haya.

Macrino   Ya está en tierra la que ha de ser Augusta.

Roselio   El César viene.

Carola   ¡Ay, Dios! Aquella saya
                     compón, Lidora, presto; el cuello ajusta.

Lidora   Todo está bueno, no llegues a ello.

Carola   ¿Y el tocado?

Lidora   También.

Carola   Mira el cabello.

Constantino   Deme su mano vuestra gran belleza.

18

Carola	Más razón, gran monarca, es que yo pida la vuestra.
Constantino	¿Cómo viene vuestra alteza?
Carola	Para serviros, vengo agradecida al mar, que en paz a ver vuestra grandeza me trajo.
Constantino	Quedará la mar corrida de que la tierra, bella Infanta, os cobre, pues sin vuestra belleza queda pobre.
Roselio	Envidiosa a lo menos justamente puede estar del favor que con vos gana, invicto emperador de todo oriente, a sus orillas mi dichosa hermana; y por la mucha parte que al presente me cabe de merced tan soberana, los pies os beso, emperador augusto.
Constantino	Roselio, Infante, alzad.
Roselio	Aquesto es justo.
Constantino	¿Dejaste con salud al rey?
Roselio	Con ella para serviros queda.
Constantino	¿Y a Ariodante?
Carola	El príncipe, mi hermano, se querella de que haya coyuntura semejante

para os servir y ver, y que con ella
.... [-ante]
le detenga mi padre. Levántale, Lidora.

(Cáesele un guante, levántale Lidora, dásele de rodillas, y túrbase
Constantino en verla.)

Constantino   ¿No hay criados aquí? Dejad, señora;
                     del suelo os levantad, y...

(Aparte los dos.)

Leoncio   ¿No oyes esto?
                     ¿No miras cómo el César se ha quedado?

Andronio   Tiene la dama garabato y gesto
                     picante.

Leoncio   Y aun el alma me ha picado.

Carola   ¿Qué accidente, señor, ha descompuesto
                     vuestro semblante así? ¿Qué os ha turbado?

Constantino (Aparte.) (¡Válgame el cielo! ¡Que un mirar suave
                     suspenda el alma y sus sentidos trabe!
                         ¿No es bueno que al momento que me vieron
                     aquellos ojos cuya luz me abrasa
                     dio un vuelco el corazón y suspendieron
                     sus actos mis suspiros? Lo que pasa
                     a los que ayuda al homicida dieron,
                     que entrándole a buscar el juez, la casa
                     trasiega toda, de ese mismo modo
                     me ha trasegado amor el pecho todo.)

Carola	¿No me diréis, señor, qué os ha turbado?
Constantino	No sé a fe; un accidente sentí ahora que me inquieta, algo que...
Carola	¿Y hase aliviado?
Constantino	Un poco estoy mejor; venid, señora, que mientras mi imperial corte y senado estatuas os levanta y arcos dora, y la entrada magnífica os previene, fuera de la ciudad que estéis conviene. Mi palacio de monte es maravilla de toda Grecia, y sus jardines bellos distan de la ciudad sola una milla; a los de Chipre olvidaréis en ellos, sus cercas besan de la mar la orilla.
(Aparte.)	(Y yo tengo de ser, si llego a ellos, Tarquino de Lidora, si es Lucrecia, aunque se pierda como Roma Grecia.)
Carola	Como yo viva en vuestra compañía, de Chipre olvidaré prados y huertos, que sois emperador del alma mía, y así con vos son Chipres los desiertos.
Constantino	¡Ay Sol hermoso de mi oscuro día; de mi muerte verás indicios ciertos si no te gozo!
Carola	Yo soy desdichada, a estáis malo, señor, ¿qué habéis?
Constantino	No es nada.

Venid, infanta. Apreste Grecia fiestas
en mi casa del monte, que a mi esposa
festejen.

Carola	Todas me serán molestas
hasta que de esa suspensión penosa
la causa sepa.

Constantino	(Aparte.)
(Amor, hoy manifiestas
la fuerza de tu mano poderosa.)
(Hablan los dos aparte.)	¡Ay Leoncio!

Leoncio	¿Qué tienes?

Constantino	¿No es Lidora
mejor para imperar que su señora?

Leoncio	Mucha belleza tiene, mas no es tanta
que merezca, señor, ser preferida
a la infanta.

Constantino	¿Qué dices a la infanta,
al Sol de quien recibe su luz vida?
Emperatriz la haré.

Leoncio	Si así te encanta,
gozarla puedes, sin que aqueso impida
el imperar tu esposa.

Constantino	¿Es vituperio,
que a quien el alma doy la dé mi Imperio?
Ya aborrezco, Leoncio, vive el cielo,
la hermosura que alabas en Carola.

Leoncio (Aparte.)	(Y a mí, con ser el corazón de hielo, le ha bastado a encender Lidora sola.)
Constantino	¿Qué dices?
Leoncio	Que te dio hechizos recelo.
Constantino (A ella.)	Dices verdad; vio el alma y hechizóla. Vamos, señora.
Leoncio (Aparte.)	(Si esta pasión dura, la vida he de perder por su hermosura.)

(Vanse. Salen Dinampo, Florilo, Tarso y Melisa, pastores.)

Dinampo	Mi parecer es de viejo. ¿La emperatriz a la aldea? Que muy bien venida sea; haga fiestas el concejo.
Tarso	¿Por qué es la fiesta? ¿Quién viene al puebro?
Florilo	La emperadora.
Tarso	¿Cuándo?
Florilo	Luego.
Tarso	¿Agora?
Florilo	Agora.

Tarso	¿Que la emperatriz Irene viene? Pues ¿a qué?
Dinampo	A vivir, en su casa de pracer.
Tarso	¿Y el imperio?
Dinampo	Era mujer y no le pudo sufrir.
Tarso	Pesa mucho; ¿mas en quién le renunció?
Dinampo	En Constantino.
Melisa	¡Oh, qué grande desatino!
Tarso	Plegue a Dios que lo haga bien.
Florilo	Diz que es un disparatado.
Tarso	Dejemos esto y vení, que pues ella viene aquí he de ser muy su privado.
Dinampo	Luego, ¿conóceos?
Tarso	Sí, a fe.
Dinampo	Pues haráos mucho servicio.
Florilo	Buena vida.

Tarso	Será vicio;
	con ella me entretendré.

(Vanse. Salen Lidora y Constantino.)

Lidora   Tu Alteza, invicto César, se reprima;
que aunque es de mucha estima que el augusto
me tenga amor, no es justo, ni conviene,
que quien a servir viene, se prefiera
a su señora.

Constantino   Espera, por el cielo,
que de mi fuego, es hielo su presencia.

Lidora   Más muestra la experiencia que le abrasa,
pues tan presto se casa vuestra alteza;
porque, si su belleza le enfriara,
claro está que aguardara que en la corte,
pues no hay para qué importe que sea agora
le diera mi señora como esposa
la mano generosa. Mas pues veo
que le obliga el deseo a que en un monte
y desierto horizonte dé la mano
a mi señora, es llano que le aflige
la dilación, y elige lo más breve
por mejor; que a ser nieve, no se diera
tal prisa; que el que espera, cuando arde
todo lo juzga tarde y, si aborrece,
un siglo le parece que es instante.

Constantino   Cuando alzastes el guante que me distes,
y viéndoos yo, rendistes mis suspiros;
por no verse perdidos previnieron
el remedio que vieron conveniente;

y como amor ardiente se repara
con otro amor, gustara que este medio
sirviera de remedio. Remediarme
quise con desposarme, porque he oído
que entre esposa y marido amor desnudo
hace un sabroso nudo. Desposéme,
aborrecí, y heléme tan helado,
que aunque no la he gozado, ya me siento
con arrepentimiento de lo que he hecho.
El tálamo y el lecho que me espera
esta noche quisiera se abrasara.
Si yo a Carola amara, ¿de qué modo
a vos, Lidora, toda el alma diera?
La llama verdadera, y el perfeto
amor, solo a un objeto se termina,
solo a un blanco se inclina su sentido;
que el amor repartido no merece
nombre de amor, ni ofrece amor sus leyes
tan capaces...

Lidora   Los Reyes, griego augusto,
tienen muy ancho el gusto y apetito.
Nunca tiran a un hito solamente;
en su amor aparente hay la mudanza,
que en su misma privanza venlo todo,
y el ver como es de modo, que de él nace
cuando el objeto aplace el desearlo
y es fácil alcanzarlo, porque adquieren
los Reyes cuanto quieren; sus empleos
son como sus deseos: pues ¿qué mucho,
si a la experiencia escucho, esta certeza
que quiera vuestra alteza a mi señora
la emperatriz y ahora juntamente
a mí obligarme intente?

Constantino   Bien arguyes,
               pero no me concluyes; porque entiendas
               que tus hermosas prendas solo han hecho
               tributario mi pecho y a ti sola,
               despreciando a Carola, estimo y quiero,
               esta noche prefiero tu hermosura
               a la suya; procura que entretanto
               que con su negro manto está la noche
               del transparente coche desterrada
               goce el alma abrasada tu belleza;
               que tú serás cabeza de mi imperio,
               y en dulce cautiverio presa el alma
               que tienes puesta en calma, haré que el orbe,
               sin que la envidia estorbe dichas tantas,
               se postre a aquesas plantas; tu señora
               te servirá, Lidora, y aunque sea
               emperatriz, no crea ningún hombre
               que lo es más que en el nombre.

Lidora   ¡Qué abundante
               que promete un amante pretendiente,
               y qué apocadamente cumple luego
               que se aplacó su fuego! No harás nada;
               quedaréme criada, pobre y sola,
               y emperatriz Carola; muy mal labras
               tus gustos con palabras, pues son viento.
               En cumpliendo tu intento seré necia
               y fea; la que precia el primer fruto
               es cuerda y da tributo al yugo tierno
               del sacramento eterno, que al fin dura.

Constantino   La perfecta hermosura nunca enfada;
               mas después de gozada, si es perfeto

el amor, más sujeto está el amante,
más firme, más constante y apacible;
¿no es siempre apetecible lo que es bueno?

Lidora
Lo bueno como bueno, es gran regalo;
pero en razón de malo mala cosa.

Constantino
¡Ay mi discreta hermosa que me vences
cada instante y convences! Yo te adoro,
y aunque el bello tesoro de tus brazos
con violentos abrazos hoy pudiera
forzarle si quisiera, no me agrada
la voluntad forzada, y al contrario
el amor voluntario me combate;
de remedio se trate que me abraso,
mi Sol, mi luz, mi fe.

Lidora
Paso, Constantino.

Constantino
Si me amas, determino hacer que Oriente
dé perlas a tu frente y cuanto abarca;
serás griega monarca y reina sola;
mandarás a Carola.

Lidora (Aparte.)
(¡Oh interés loco!
Venciste poco a poco, mucho puedes;
cazáronme tus redes.)

Constantino
¿Correspondes
a mi amor? ¿Qué respondes?

Lidora
Que, pues fuerza
no me has hecho, me fuerza no haberla hecho
a que dentro del pecho te reciba.

Constantino	¡Viva Lidora, viva tu hermosura!
	¡Ya es cierta mi ventura!
Lidora	El cómo traza,
	y adiós, que me embaraza la vergüenza.
(Aparte.)	(¿Qué habrá en el mundo que interés no venza?)

(Vase.)

Constantino   Sansón, ¿qué vale cuando al campo sale
con las puertas a cuestas que de Gaza
arranca fiero, si una mujer traza
que en la tahona, ciego, a un bruto iguale?
    ¿Qué vale Alcides con amor; qué vale
cuando leones vence y despedaza,
si vuelta rueca su invencible maza
a hilar le obligan el amor y Onfale?
    Sardanapalo, no tuvo vergüenza
cuando sentado cual mujer le vieron
desceñirse la rueca por regalo.
    ¿Qué mucho, pues, que una mujer me venza,
no siendo yo más fuerte que lo fueron
Sansón, Alcides y Sardanapalo?

(Sale Leoncio.)

Leoncio   ¿Yo competencia a un César? ¿Yo a su dama
amor? Cielos, ¿qué es esto? Mas, ¿qué importa
que compita en amar, si en el imperio
compito? ¿Una voz dulce no me ha dado
nombre de emperador? Pues si pretendo
lo más, que es el imperio, ¿qué milagro
que pretenda lo menos, que es Lidora?

Mas —¡ay!— vana ambición, déjame un poco,
que temo que me quieres volver loco.

Constantino   ¡Leoncio!

Leoncio   Gran señor.

Constantino   Ya dio Lidora
el deseado sí de mi esperanza;
el tálamo aprestado aquesta noche
para Carola, quiero que lo ocupe
la Venus Cipria que me abrasa el alma.

Leoncio (Aparte.)   (¿Qué escucho, cielos? Pues, señor, ¿tú esposa?)

Constantino   No me la nombres; volveráse a Chipre
con su padre.

Leoncio   ¿Qué dices, gran Monarca?
Hoy te acabas de desposar con ella,
¿y quieres con afrenta tan notable
que a su padre se torne?

Constantino   Pues ¿qué agravio
le puedo hacer, si antes de gozarla
a su padre la vuelvo?

Leoncio   Dirá el mundo
mil oprobios de ti, y el rey, su padre,
podrá con justa causa hacerte guerra.
Mira, señor, que tienes en tu corte
a Roselio, su hermano, y que en sabiendo
el agravio que hacerle determinas
incitará a su padre a la venganza.

Constantino   Poco importa, que echándole de Grecia
                   y ocupándole lejos en la guerra
                   no sabrá mis intentos. El ejército
                   que está en Egipto contra el Soldán turco
                   no tiene capitán general, quiero
                   con este cargo honroso desterrarle
                   y hacer que allá le den veneno o muerte,
                   quitaremos de en medio aqueste estorbo.
                   Otra dificultad hay mayor que ésa,
                   que es el estar mi madre viva y libre,
                   y temo que si ve mis desvaríos
                   ha de quitarme libertad e imperio;
                   que la adoran de suerte los soldados
                   de toda Grecia, que me dicen lloran
                   por verla del imperio retirada.
                   Pero si con prenderla quedo libre,
                   prenderéla.

Leoncio   ¿Qué dices?

Constantino   Pues ¿es mucho
                   que por asegurar mi gusto, prenda
                   a mi padre, mi madre y mi linaje?
                   De aquesta suerte viviré seguro.
                   Tomaré por achaque de prenderla
                   que levantarse quiso. Llama a Andronio
                   y haz que a mi madre ponga en una torre,
                   y toma aquesta llave de mi cámara,
                   y engañando a Carola, haz que a Lidora
                   en su lugar aquesta noche goce,
                   que yo voy luego a despachar a Egipto
                   a Roselio; que importa que se parta
                   para quitar estorbos a mi gusto.

(Vase.)

Leoncio   ¡Ay ciego Emperador! ¡Ay loco Augusto!
           No querrá el cielo ni mi amor que goces
           aquesta noche a quien el alma he dado.
           La llave de su cámara es aquésta,
           yo haré que entienda ser Lidora hermosa
           la que le aguarda en su lasciva cama,
           cuando a acostarse vaya, y que esté en ella
           la pobre emperatriz que ya aborrece;
           que yendo a oscuras con silencio mudo,
           creyendo que es Lidora la que aguarda,
           no se sabrá mi provechoso enredo
           y yo a Lidora gozaré con nombre,
           esta noche, del César Constantino.
           Buena traza es ésta si se logra;
           yo voy a ejecutarla, aunque la vida
           pierda, que por tal prenda es bien perdida.

(Salen Florilo, Dinampo, Italio y Tarso, pastores, y Melisa, y detrás de ellos
Irene, la cual se sienta.)

Tarso   Perdone la cortedad
           de vueso pruebo grosero
           su mercé, y mire primero
           que al don a la voluntad.
               Que a ser tan rica como ella
           con tales veras mostrara
           su amor, que se aventajara
           a todo el imperio en ella.
               Alcaldes, concejo y gente
           del puebro, a su señoría
           un pobre presente envía;

32

pero basta ser presente.
   Seis mozas en delantera
van compuestas y garridas,
que en seis fuentes escogidas
de la más limpia espetera,
   llevan cubiertas de flor
rosas y tortas cuajadas
de miel, que fueron masadas
hoy por la del herrador.
   También llevan confitura
poca, porque cara cuesta,
que ayer compró media cesta
en Constantinopla el cura.
   Luego se siguen seis mozos,
los más apuestos y ricos,
todos con nuevos pellicos
y todos con rubios bozos,
   que andando con pasos graves
llevan de palos pendientes
mil regalos diferentes
de conejos, liebres y aves.
   Tras ellos van cien cabritos
de mil colores y modos,
unos más que el ampo todos,
otros de manchas escritos,
   que llevan en medio de ellos
dos terneras señaladas,
con campanillas doradas
de los arrugados cuellos.
   Después van doce zagales
con otras tantas doncellas,
cargados ellos y ellas
de requesones, panales,
   quesos que el tiempo conserva,

33

cuajada, natas, mantecas,
y frutas verdes y secas,
hasta el níspero y la serva.
    Todo aquesto humilde ofrece
el lugar a su mercé,
pobre en obras, rico en fe,
que es lo que más le engrandece;
    y yo un alma le presento,
contenta ahora sin tasa,
tan ancha como la casa
que le ha de dar aposento.

Melisa   ¡Qué bien lo ha despotricado
                el diabro!

Dinampo   Como discreto.

Florilo   Basta ser poeta.

Dinampo   Poeto
                diréis, que es hombre y barbado.

Irene   Yo estoy muy agradecida
                al lugar por el cuidado
                que en regalarme ha mostrado,
                y gusto de mi venida.
                    Y en pago de este presente
                que aqueste lugar me ha hecho,
                os hago francos de pecho
                por veinte años.

Dinampo   ¿Otros veinte?
                ¿Veinte dije? Veinte mil
                tenga de vida y salud

su merced.

Irene
　　　　　En la quietud
del campo que viste abril
　sí tendré, que en el palacio,
donde la ambición se bebe,
la más larga vida es breve.

Tarso
Acá vivimos despacio.

Irene
　　Pues, Tarso, ya ha muchos días
que no nos vemos.

Tarso
　　　　　　Después
que pisaron vuestros pies
imperios y monarquías
　y os ausentásteis de aquí
no os he visto.

Irene
　　　　　Pues ¿por qué?

Tarso
Porque en la corte pensé
que os olvidárais de mí.
　Muda el mandar la costumbre
y la púrpura imperial
no hace caso del sayal;
estábades en la cumbre,
　¿quién había de subir
tan alto a habraros? Acá
más tiempo y lugar habrá.

Melisa
Agora la he de pedir
　que me quieras por justicia,
veremos si esto aprovecha.

35

Tarso	No, Melisa; que sos hecha como casa a la malicia.

(Salen Andronio y otros, en cuerpo.)

Andronio	Aquí dicen que ha de estar, trocando en florido campo el campo armado.
Florilo	¡Dinampo, soldados en el lugar!
Dinampo	¿Qué diabros querrán agora? Que si nos echan soldados no hay mujeres ni ganados.
Irene	¿Qué es esto Andronio?
Andronio	¡Señora!
Irene	Ya comienzo a agradecer la lealtad que habéis tenido, pues el primero habéis sido que me haya venido a ver. ¿Qué tenéis? ¿Qué os entristece y os hace enjugar los ojos? ¿Qué hay de nuevo?
Andronio	Mil enojos, señora, que no merece vuestra Alteza.
Irene	¿A qué os envía

	a mi casa, Constantino?
	Que en veros así adivino
	alguna desgracia mía.
Andronio	Sabe Dios lo que me pesa
	que me lo mandara a mí.
Irene	¿Qué os ha mandado? Decí.
Andronio	Que lleve a una torre presa
	a vuestra alteza.
Tarso	¿Qué dijo?
Florilo	Presa parece que oí.
Irene	¿Mi hijo me prende a mí?
Andronio	Sí, señora.
Irene	¡Qué buen hijo!
Andronio	En una torre me manda
	que os ponga guardas.
Irene	Pues ¿qué
	le han dicho de mí?
Andronio	No sé.
Irene	Yo sí, que bueno el mundo anda.
	No es muy difícil saber
	que, pues a Nerón se iguala,
	si me prende, no es por mala,

mas porque él lo pueda ser.
   Que viva en prisión ordena
porque no lo esté su antojo,
que la reprehensión al ojo
mil liviandades refrena.
   Y pues prenderme ha mandado
cuando sus vicios refreno,
despedazar quiere el freno
para correr desbocado.
   Corra, que este vituperio
venganza vendrá a tener,
que yo sé que ha de correr
hasta atropellar su imperio.
   ¿Dónde Constantino está?

Andronio   En la casa de placer
del monte.

Irene   Quiérole ver;
llevadme primero allá.

Andronio   No puedo en eso serviros,
y de ello el alma se corre;
luego manda que a una torre
os lleve, sin consentiros,
   señora, que a su presencia
lleguéis.

Irene   ¿Aqueso os mandó?

Andronio   Plugiera al cielo que yo
pudiese hacerlo.

Irene   Paciencia.

Vamos, pues lo manda así.
Amigos, adiós, adiós.

Tarso   Yo, señora, iré con vos;
                 de mí, señora, os serví;
                    yo iré en vuestra compañía.

Irene   No, Tarso; ya querrá el cielo
                 que vuelva a ver este suelo
                 con más contento algún día.

Tarso   Quedando sin vos me aflijo.

Irene   Adiós; vamos de aquí, Andronio.

(Llévanla.)

Dinampo   ¿Aquéste es hijo o demonio?

Tarso   Demonio sí, mas no hijo.

(Vanse todos. Sale Carola sola.)

Carola   Blasone el hombre arrogante
                 que es un diamante en sus hechos,
                 que hoy he visto en un instante
                 que hay diamantes contrahechos
                 y que se quiebra el diamante.
                    Bien puede ser este error,
                 y el hombre, por varios modos,
                 ser firme, y más en amor,
                 mas conmigo pierden todos
                 hoy por el Emperador;
                    porque si bien me quisiera

con más amor me mirara;
pero, si me aborreciera,
el desposorio aguardara
que en Constantinopla fuera.
    Declarad, piadosos cielos,
este caos de mis recelos,
este nuevo laberinto,
aqueste infierno que os pinto
de confusión y de celos.
    Este enigma que se ofrece
el alma confusa aquí,
pues Constantino parece
que amándome a mi sin mí,
cuando me ama me aborrece.

(Sale Lidora.)

Lidora   ¿En qué andáis, travieso Amor?
Mas ¿diréis que no es error
el que aquesta noche hiciste,
cuando la fuerza rendiste
de mi honra al emperador;
    y que si la gente infama
la mujer con justa ley
que así mancha su honra y fama
no pierde nada si un rey
su amor solicita y ama?
    Murmúrese, pues, mi exceso
que haber dado ser y honor,
.... [-eso]
porque de un Emperador
esposa ser intereso.

Carola   Lidora, ¿qué suspensión

40

os trae confusa y sin calma?

Lidora   Nuevos pensamientos son
y pretensiones de un alma
que ya se juzga Faetón.

Carola   ¿Faetón? ¿Tan alta subida
intenta?

Lidora   Desvanecida,
quiere con él competir.

Carola   ¿Y no teme que el subir
espera mayor caída?

Lidora   Ella se sabrá tener.

Carola   Tal seguridad no es buena;
guardaos, no seais Lucifer
en pretender silla ajena,
que será cierto el caer.

Lidora   ¿Ajena? ¿Qué patrimonio
da señal o testimonio
de que tiene dueño ajeno?

Carola   ¿Qué patrimonio? ¿No es bueno
el del santo matrimonio?

Lidora   ¡Jesús! Aquése hasta ahora
está en cierne, otro mejor
tiene el alma en quien la adora,
que es un vínculo de amor
y mayorazgo.

Carola   ¡Ay, Lidora,
            mira lo que haces; mira
          que hay Dios y que si se aíra,
          castigará con rigor;
          mira que el emperador
          es mi esposo, y que suspira
            por él mi alma, Lidora!

Lidora   Miro, que como no eres
          .... [-ora]
          buena para imperar, quieres
          ser para predicadora;
            no me canses.

Carola   Ya comienza
          en ti a campar la falta
          de honor; no habrá quien te venza,
          que cuando la honra falta
          también falta la vergüenza.

Lidora   Si la lengua no reprimes,
          forzaréte a que me estimes,
          cortándotela a raíz.

Carola   ¡Villana! ¿A tu emperatriz?

Lidora   ¿Emperatriz? ¡Qué sublimes
            pensamientos! El renombre
          me agrada; deja el humillo,
          que eres, para que te asombre,
          solo emperatriz de anillo,
          y no tienes más que el nombre.
            Y no hagas tanta cuenta

del título que te afrenta,
pues eres, con tal blasón,
emperatriz a pensión,
y he de gozar yo la renta.
   Que el cielo, que galardona
contra la opinión que tienes
y ennoblece una persona,
podría ser que a mis sienes
trasladase tu corona.

Carola   Como el mundo anda al revés
no es mucho que en eso des,
y que suba tu bajeza
a coronar tu cabeza
de descalzarme los pies.
   Mas, cuando estés coronada,
¿no te parece, Lidora,
que quedaré más honrada,
pues tendré, siendo señora,
una emperatriz criada?

Lidora   Norabuena sea así;
resulte la honra en ti
y yo goce tu apellido,
que si hasta aquí te he servido,
tú me servirás a mí.

Carola   ¿Yo a ti, soez, baja, loca?
Cuando el laurel imperial
me quite mi dicha poca,
¿no soy yo de sangre real?
¿Y tú?

Lidora   Refrena la boca,

	que si mi enojo echa el resto, haréte arrepentir presto.
Carola	¿A mí? ¡Ramera de Grecia! ¡Malnacida!
Lidora	Toma, necia.

(Dale Lidora a Carola un bofetón.)

| Carola | ¡Ay, Dios! ¿Bofetón? |

(Salen Constantino, Leoncio y Andronio.)

Constantino	¿Qué es esto?
Lidora (Aparte.)	(Constantino viene aquí; fingiré que recibí el bofetón que di.) ¡Ay, Dios!
Constantino	¡Lidora mía!
Lidora	¿Por vos tienen de tratarme así? ¿Por vos injuria tan clara? ¿Por vos llamarme ramera? ¿Por vos la mano en mi cara la infanta?
Constantino	¡La infanta muera!
Carola (Aparte.)	(¿Vióse insolencia más rara? Mas para que con razón todo en aquesta ocasión

ande al revés, no me espanto
que ésta forme queja y llanto
y yo llevé el bofetón.
  Más vale que pase así;
y aunque yo sea la injuriada,
que piense el mundo que di
bofetón a mi criada,
no que le recibí.)

(A ellos.)   Es verdad; yo castigué
a quien tan soberbia fue
que se descomidió agora
contra su propia señora.

Constantino   Pues, ¿cómo el cielo, que
    ve su bella Luna eclipsada,
  con un castigo ejemplar
  no la ha dejado vengada?

Carola   Pues, ¿es nuevo castigar
  la señora a su criada?

Constantino   Calla, asombro de mi gusto.
  Llévala presa.

Leoncio   Señora,
  tener paciencia aquí es justo.
(Aparte.)   (No sabrá así que a Lidora
  anoche gocé, el augusto.)

Constantino   Vamos, que con palio honroso
  vuestro nombre haré famoso
  en venganza de esta afrenta,
  siendo con fiesta opulenta,
  bella prenda, vuestro esposo.

<pre>
                        Ea, pues, que ya es razón
                        que cese aquesa pasión,
                        mi bien. Basta ya, vení.

Lidora   ¿Suélese olvidar así
                        la injuria de un bofetón?
</pre>

(Vanse Constantino y Lidora.)

<pre>
Carola   Vamos, pues gusta que presa
                        padezca, el emperador.

Leoncio   Mientras que su enojo cesa,
                        sufrid aqueste rigor,
                        infanta, que de él me pesa.

Carola   ¡Qué bueno anda el mundo ahora!
                        Despreciada la señora;
                        antepuesta la criada;
                        presa la que está injuriada,
                        con honra la que es traidora.
                            ¡La que descalzó mis pies,
                        entronizada en el puesto
                        del imperio! Mas poco
                        es en la república aquesto,
                        que es república al revés.
</pre>

Fin de la primera jornada

Jornada segunda

(Salen Lidora y Clodio vestidos de camino.)

Clodio   Tan lleno de pesares
quedé cuando partiste,
que con el menor de ellos
fue mucho no morirme.
Maldije el griego imperio
y a la infanta maldije,
que fue ocasión, señora,
de aquella ausencia triste.
En ella de mi pena
pensaba divertirme
con ejercicios varios,
sin tu presencia viles.
Salí a cazar mil veces,
y otras tantas volvíme,
porque me daban caza
pensamientos terribles.
Perdía si jugaba,
que como perdió Chipre
tu agradable presencia,
perdiéndose él, perdíme.
Quisieron mis amigos
con pláticas sutiles
entretener mis penas;
mas como siempre aflige
al que es discreto el necio,
al soberbio el humilde,
y al avariento el pobre,
así al amante el libre.
Con otras hermosuras
poner remedio quise

al fuego que en el alma,
en viéndote, encendiste.
Mas era echar más leña,
porque es necio el que dice
que el amor más constante
con otro amor se rinde.
En fin, cuantos remedios
en su Ars amandi escribe
Ovidio, el desterrado,
tantos propuse e hice.
Mas como al que es de muerte
de tormento le sirven
las medicinas varias
que el médico apercibe,
empeoré con ellos;
¡mal haya amén, quien dice
que es remedio la ausencia
para que amor se olvide!
¡Qué de veces rondaba
las paredes felices
que habitación te dieron
cuando mi mal oíste!
¡Y qué de veces, loco,
desde tus rejas quise,
llamándote, Anajarte,
representar un Iphis!
Las sabrosas palabras
y prendas que me diste
eran de mi naufragio
la tabla convenible.
Mas todo aquesto era,
sin verte, hermosa Circe,
cual vela que se acaba,
arder para morirme.

Vime, en fin, tan enfermo,
tan desahuciado vime,
que hacer una novena
a tu hermosura quise.
Llegué a Constantinopla;
y apenas de un esquife
a tierra salté, cuando
en un carro sublime
de perlas, marfil y oro,
mis ojos hechos linces,
te vi llevar debajo
de un rico palio; ¡ay triste!
Creí que me engañaba;
llegué a un hombre y le dije:
«¿Carola no es aquélla,
hija del Rey de Chipre?»
Respondió: «No es la Infanta
que esa dama infelice
trajo consigo el daño
que su ventura oprime.
Una criada es suya
a quien el César rinde
la cerviz de su imperio
porque es de su amor Circe».
Quedéme casi muerto,
y vi que el vulgo libre
te echaba maldiciones,
y aun yo ayudarle quise;
y de mi muerte cierto,
pues miro ya imposible
mi débil esperanza,
antes que se marchite,
busqué ocasión de darte,
cruel más que Bisiris,

el parabién del lauro
que en tu cabeza ciñes.
¿Quién duda que si antes
amando, me tuviste
en Chipre por tu Adonis,
aquí seré Tersites?
Ya pisas oro y perlas,
diamantes y rubíes,
¿quién duda que con ellos
también mis dichas pises?
Castíguente los cielos;
pero no te castiguen,
sino que con mi muerte
de tanto mal me libren.

Lidora   ¡Qué extraordinario gusto
me da, Clodio, el oírte
aquesas tiernas quejas
que dentro el alma imprimes!
¡Oh, qué contento causan
los celos apacibles
tras una larga ausencia
de dos amantes firmes!
Muy bien venido seas,
deja temores viles,
que aunque el imperio gozo,
no es ocasión que olvide
el abecé primero
que el alma estudió en Chipre,
cuando de esclava tuya
la argolla le pusiste.
Mi hermano finge que eres,
que yo haré, si lo finges,
que rijas el imperio.

Clodio	Cesó el oscuro eclipse de mis confusos celos; aquesos brazos ciñe a mi dichoso cuello, que hoy miro un imposible en ti, mi bien, pues eres mujer y mujer firme.
Lidora	El césar, Clodio, viene.
Clodio	Yo haré lo que me dices.

(Salen Constantino, Honorato, senador viejo, Leoncio, Macrino, Andronio y otros.)

Constantino	¿Qué es lo que me pide, pues, el senado?
Honorato	Cosas justas, que diré, señor, si gustas.
Constantino	Dilas.
Honorato	La primera es suplicarte toda Grecia, y en nombre suyo el senado, en albricias del estado que Dios te dio, si es que precia tu alteza su autoridad, que les des un día feliz poniendo a su emperatriz, y tu madre, en libertad. Y piensa que hacerlo así

51

como el senado te exhorta,
aunque mucho nos importa,
más, señor, te importa a ti.
  Porque las murmuraciones
del vulgo y de los soldados
que por ella gobernados
vencieron tantas naciones,
  publican que es vituperio
de Grecia y de su nación
que consientan en prisión
a quien defendió su imperio.
  Todas la lloran y, en fin,
como la aman en extremo,
si dura su prisión, temo
algún popular motín.

Constantino   ¿Piden más?

Honorato   Sí, que a la infanta
de Chipre, pues es tu esposa,
tan discreta, tan hermosa,
tan prudente, honesta y santa,
  el nombre y estado des
que goza quien le ha usurpado;
y que pues te has desposado
con ella, es razón que estés
  advertido que no puedes,
mientras viviere, tener
a Lidora por mujer,
pues los límites excedes
  de la ley que puso Dios,
cuando justamente veda
que ningún cristiano pueda
vivir casado con dos.

                    Éste es el consejo sabio
                    que te suplican que admitas,
                    gran monarca. No permitas
                    el intolerable agravio
                        con que Irene, presa está;
                    mira que tu madre Irene
                    en pie aqueste imperio tiene,
                    que ya cayendo se va.
                        Si a clemencia te provoco
                    no dejes de ejecutalla;
                    mira, invicto césar...

Constantino   Calla;
                    no digas más, viejo loco.
                        ¡Qué donosa petición
                    para gobernar mi estado!
                    Hoy verá el griego senado
                    en mí un Cómodo, un Nerón.
                        ¿Él ha de regirme a mí?
                    ¿Es éste el mundo al revés?

Honorato   Ni aquese nombre le des
                    ni te alborotes así;
                        que si envía a suplicarte
                    lo que he venido a advertirte,
                    no es, señor, para regirte,
                    sino para aconsejarte.
                        ¿Qué monarca o rey desprecia
                    el consejo, si es prudente?

Constantino   Yo basto y soy suficiente
                    para gobernar a Grecia.
                        El senado no ha de dar,
                    sin pedirle, parecer,

que él solo ha de obedecer
y yo solo he de mandar.
　　Sus livianos pareceres
muestran lo que han estudiado;
yo haré de su vil senado
un senado de mujeres.
　　Basta, que es donoso cuento
que con livianos consejos
me quieran dar cuatro viejos
mujer a mi descontento.
　　Si a mi madre tengo presa
es porque viva en sosiego
mi estado e imperio griego,
y si al senado le pesa
　　de que la tenga en prisión,
no ignora la deslealtad,
que en dándola libertad
ha de intentar su traición.
　　Ya sé que quiere que torne
al trono imperial que pierde,
y que con el lauro verde
su frente otra vez adorne.

Honorato　　　　　Mira, gran señor...

Constantino　　　　　　Ya es tarde;
vuestro intento es manifiesto.
Yo lo remediaré presto.
Parte al senado cobarde
　　con los soldados, Macrino,
de mi guarda, y prende luego
todo ese senado ciego
autor de tal desatino;
　　y con basquiñas y tocas,

para que el vulgo provoques,
ponles ruecas por estoques,
que sus pretensiones locas
    declaren, y de esta traza,
porque mejor los convenza
su locura, a la vergüenza
estén todo hoy en la plaza;
    porque soy de parecer
que como mujeres vean
los que el imperio desean
que gobierne una mujer.
    Y a este loco y vano viejo
en ella le harás colgar,
que así le quiero pagar
su locura o su consejo.

Honorato   Señor...

Constantino   Llévalos.

Honorato   Advierte...

Constantino   Ea, llévalos de aquí.

Honorato   Ejecuta luego en mí
este castigo, esa muerte,
    y deja libre el senado,
que es en tu imperio el espejo
de la prudencia y consejo.

Constantino   Buenas muestras de esto han dado.
                      ¿Qué aguardas?, llévalos pues.

Macrino   Ya, gran señor, te obedezco.

Honorato	Por dar consejos padezco.
	¡Ay República al revés!

(Llévale Macrino.)

Constantino	Andronio.
Andronio	¿Gran señor?
Constantino	Corre
	donde mi madre está presa
	y con diligencia y priesa,
	dentro de la misma torre
	la da un garrote.
Andronio	¿Qué dices?
	¿A tu madre?
Constantino	¡Ola! También
	a aquéste muerte le den.
Andronio	¿A mí?
Constantino	No te escandalices;
	o a mi madre mata, o muere.
Andronio	Yo haré, señor, lo que mandas.
	¡Ay mundo, y qué al revés andas!

(Vase.)

Constantino	Si el imperio darle quiere
	su silla, justo es me cuadre

la seguridad que elijo,
que no seré el primer hijo
que dé la muerte a su madre.
Leoncio, ve por Carola.

Leoncio   Yo voy.

(Vase.)

Constantino   Quiero que a su tierra
se vuelva, y hágame guerra
su padre, que si enarbola
    el mundo sus estandartes
contra mí, poco el mundo es,
que pues se cayó a mis pies,
no temo sus cuatro partes.
    Solo con rigor se doma
este extraño monstruo griego,
que estoy por ponerle fuego
como Nerón hizo a Roma.

Lidora   ¿Tan enojado, señor?

Constantino   La luz de esos bellos ojos
desterraron mis enojos;
ya se acabó mi rigor.

Lidora   ¿Con quién la cólera ha sido?

Constantino   Contra quien privarme gusta
de vos; mirad si es bien justa.

Lidora   ¿Cómo?

Constantino	Hanme persuadido a que, viviendo la infanta, vos no podéis ser mi esposa.
Lidora	Remediarlo es fácil cosa, dadla muerte.
Constantino	Crueldad tanta no es bien que de mí se piense; a su padre la enviaré, y ausente una vez, yo haré que el patriarca dispense en nuestras bodas. ¿Quién es el que está con vos, señora?
Clodio	Hermano soy de Lidora; dame a besar estos pies.
Constantino	¿Qué dices?
Lidora	Hermano es mío, que a asistir en tu servicio viene de Chipre.
Constantino	Da indicio de serlo su talle y brío; y pues es ya mi cuñado, justo es honrarle desde hoy; el cargo noble le doy de secretario de estado, que es oficio de valor.
Clodio	Haga tu nombre imperial la fama y tiempo inmortal.

Lidora	Danos esos pies, señor.
Constantino	¿Cómo es tu nombre?
Clodio	Liberio.
(Aparte.)	(Como me mudé en otro hombre también quiero mudar nombre.)
Constantino	Tú gobernarás mi imperio.

(Salen Leoncio y Carola.)

Leoncio	Aquí está, señor, la infanta.
Constantino	Seáis, señora, bien venida. Sentaos.

(Siéntanse los tres.)

Carola (Aparte.)	(¡Ay Dios, si la vida feneciese en pena tanta!)
Leoncio (Aparte.)	(Agora el emperador viene a saber mi delito, y si el castigo no evito mataráme su rigor. Adiós inútil privanza, que no halla otro remedio como poner tierra en medio de mi vida la esperanza. Grecia, adiós, que de este modo librar mi vida procuro, pues mal viviré seguro

59

                             donde anda revuelto todo.)

(Vase.)

Constantino   Sabe el cielo el descontento
                     que me causa el no poder,
                     infanta, satisfacer
                     vuestro justo sentimiento.
                         Viniste de Chipre a Grecia
                     a darme mano de esposa,
                     y fuérades venturosa
                     si, como os estima y precia
                         mi conocimiento, os diera
                     posesión mi voluntad
                     y al peso de la beldad,
                     que en vos confiesa, os quisiera.
                         Solo sigue sus antojos
                     Amor, cuando un alma exalta,
                     que por tener esta falta
                     le suelen pintar sin ojos.
                         Y pues son las calidades
                     del Amor cierta influencia,
                     lazada o correspondencia
                     que anuda dos voluntades,
                         y aquésta el cielo ha querido
                     que nos falte a mí y a vos,
                     habiendo este ciego dios
                     para mi esposa escogido
                         a Lidora, será fuerza
                     que admitiendo mi disculpa,
                     y echando al Amor la culpa
                     que a la razón vence y fuerza,
                         a vuestro reino os tornéis,
                     que vuestra mucha hermosura

y grandeza os asegura,
señora, que cobraréis
    pronto el contento perdido,
siendo de algún rey esposa
con quien seáis más dichosa
que conmigo lo habéis sido.
    Yo he escrito al rey, vuestro padre,
infanta, el caso presente
que, siendo como es prudente,
no dudaré que le cuadre.
    Y en volviendo de la guerra
el infante, vuestro hermano,
premiándole de mi mano
se volverá a vuestra tierra.
    ¿Cuándo intentáis de partiros?

Carola   Cuando la vida se parta;
que ya de desdichas harta
se va partiendo en suspiros.
    Monarca de todo oriente,
querido esposo y señor,
que este título he de darte
aunque otra me le usurpó,
la prueba de mi paciencia,
la fuerza de mi razón,
las quejas de mis agravios,
la pérdida de mi honor,
todas tu dureza ablanden
y con ellas el amor
que va creciendo en mi pecho
al paso de tu rigor.
Dicen que un retrato mío
que miraste fue ocasión
de pedirme por esposa

al rey, mi padre y señor.
¡Mal haya el pincel, la tabla,
la idea, mano y color
que vida a mi imagen dieron,
pues mi muerte ahora son!
Pudo ser que en mi belleza
mintiese el sutil pintor
y que, visto el desengaño,
causase tu desamor;
mas si la propia alabanza
es justa en la oposición
presente porque redima
con ella mi obligación,
bien sabe Grecia, y tú sabes,
cuántos los príncipes son
que por mi causa han sufrido
más que por Raquel Jacob.
Y entre todos te escogí,
no por ser emperador
de Grecia, sino por serlo
del alma que te adoró.
¿Por qué, pues, con tal crueldad,
ya que imitas a Absalón
en belleza, quieres serlo
en el desdén y el rigor?
Mas no puede persuadirse
mi afligido corazón
que le desprecies de veras.
¿Es así? Yo sé que no.
Si ha sido para probar
de mi fineza el valor,
mi lealtad y sufrimiento,
bien ves cuán de prueba soy.
¿No doy ventaja en quererte

a cuantas mujeres, dio
en el amor conyugal
nombre la fama veloz?
Ni amaron a sus maridos
con más firmeza que yo
Porcia, Penélope, Julia,
Evadnes, Pantea y Michol.
No permitas, césar, pues,
que volviendo a Chipre yo,
mi infamia y deshonra
vea el padre que me engendró.
Abre primero este pecho,
y en él verás que estampó
tu imagen, siendo pinceles
sus llamas tiernas, Amor.
Ea, vierte aquesta sangre;
mas, iay que tengo temor
que porque morir deseo
suspendes la ejecución!
Mas, pues, con tan poca dicha
la Fortuna el ser me dio
que aun para que me des muerte
quiere que busque favor,

(De rodillas.)   postrada a tus pies, Lidora,
te suplico, si es que yo
merezco algo, porque he sido
de tu dicha la ocasión,
que de Constantino alcance
mi muerte tu intercesión,
siquiera porque os gocéis
con buen título los dos.
Ves aquí al revés el mundo.
A tus pies postrada estoy,
y, pues que pisan el orbe,

sobre mi cara los pon,
que no es mucho que los pies
ponga en ella quien osó
poner las manos el día
que me diste un bofetón.

(Levántase.) ¡Cielos! Que aun morir no alcanzo
pero ¿cuándo lo alcanzó
el perseguido infelice?
Ni ¿quién lo fue más que yo?
Mas ¿qué digo, esposo mío?
Tu obediente mujer soy;
donde quisieres me lleva,
contenta a mi patria voy;
que en medio de las injurias
de tu desdén y el dolor
de mi padre, estaré alegre
por ver que el cielo me dio
para consolar mis males
fruto de la primer flor
que en el tálamo cogiste,
con ser dueño, cual ladrón.
Dentro en mis entrañas siento
prenda tuya; quiera Dios
que a luz salga...

Constantino   ¿Prenda mía?
¿Cómo es eso?

Carola   Luego, ¿no?

Constantino   ¿Estás fuera de ti, infanta?
¿Cuándo te he gozado yo?

Carola   ¿Querrás negarlo también?

No fue en vano mi temor;
la oscuridad de la noche
que el cielo me desposó
contigo sabe que he dicho
la verdad.

Constantino   Aquí hay traición.
(A Lidora.)   La noche del desposorio,
¿no fuisteis, señora, vos
quien hizo mi dicha cierta?

Lidora   Vuestra esposa fui, señor.

Carola   ¿Qué es esto que escucho, cielos?
¿Qué oís, triste corazón?
¿Con tan grande testimonio
os quieren manchar, honor?
Ya no es posible tener
paciencia; tu pretensión
entiendo, monstruo del mundo;
ya sé que queréis los dos
acusarme de adulterio
para que podáis mejor
con aparentes disculpas
gozar vuestro infame amor.
No en vano con tal recato
me entraste a engañar, traidor,
la noche de mi desdicha;
ya he entendido la ficción
que tan confusa me tuvo
cuando aquesa misma voz
me llamaba su Lidora,
su luz, su cielo, su Sol.
Por engañarme lo hiciste.

Constantino	¿Vio el mundo tal confusión? ¿Qué es de Leoncio? Llamadle.
Soldado I	A llamarle, señor, voy.
Carola	Querrás que testigo sea, aunque falso, de este error, y no me espanto, pues hubo quien jurase contra Dios. Bien trazado va tu enredo aunque para mí no son estas marañas bastantes, que bien te conocí yo.

(Sale quien fue a buscar a Leoncio.)

Soldado I	No hay quien en toda la casa halle a Leoncio, señor. Solo un mozo de caballos dice que ensillar mandó uno de monte poco ha, y que, mudado el color del semblante, se fue solo.
Constantino	Leoncio me fue traidor. Despachad postas tras él, que a quien tuviese valor de traerle, vivo o muerto, le prometo en galardón hacerle mi camarero.
Soldado I	No habrá en la corte quien hoy de tal premio codicioso

no vaya.

(Vase.)

Constantino   Corra esta voz;
que si en mis manos cae vivo
y la tierra no tragó
su infame cuerpo, será
ejemplo su muerte atroz.
A un cuarto de mi palacio,
infanta, os retirad vos,
mientras que al rey vuestro padre
de este caso aviso doy.
En él quiero que estéis presa.
Guardas, de vista le pon.

(Llévanla.)

Carola   ¡Dios, amparo de inocentes,
descubrid esta traición!

Constantino   Venid, Lidora querida;
que el cielo camino abrió
a medida de mi gusto
para gozarnos mejor.

Lidora (Aparte.)   (En todo soy venturosa,
mi secretario mayor
fingido hermano y amante
de veras.) Vamos, que hoy
quiero que sepas cuán firme
en mi amor primero estoy.

Clodio   (¡Cielos! ¿qué mudanza es ésta?

¿Clodio, secretario yo?
Pero según anda el mundo
no me espanto.)

Lidora   ¿Vienes?

Clodio   Voy.
(Aparte.)   (¿Yo secretario del Cesar?
                  No caigamos plegue a Dios.)

(Vanse. Salen: Tarso, con una cesta abierta, e Italio, pastores.)

Tarso   Basta.

Italio   Villano, ¿por ti
                  me ha de despreciar Melisa?

Tarso   Como la primer camisa
                  que en mi vida me vestí
                    me acuerdo de ella.

Italio   Pastor,
                  tan loco de celos vivo,
                  que mientras lo estés, me privo
                  de vivir.

Tarso   Bravo favor.

Italio   O te has de ir de la comarca
                  o perder aquí la vida.

Tarso   ¿La vida? ¿Es barro? Escondida
                  debe haber otra en el arca.
                    Anda con Dios que estás loco.

68

Basta decir que aborrezco,
a Melisa y que os empezco
en vuestros amores poco.
　　Más sublime el vuelo tiene
mi amor, pues pica más alto,
que, aunque de méritos falto,
por lo menos ama a Irene.
　　Aquí un regalo la llevo,
Italio, quedaos con Dios.

Italio
　　　　　　Eso no; vivos los dos,
crecerá mi mal de nuevo.
　　Poco importa, Tarso esquivo,
que aborrezcas mi pastora,
si ella tu presencia adora.
Mientras que estuvieres vivo,

(Saca Italio una daga.)

　　　　　　ha de morir mi esperanza.
Muere tú porque ella viva.

Tarso
　　　　　　De la paciencia me priva
tu locura y mi venganza.

(Saca Tarso otra daga y mátale.)

　　　　　　Toma, pues amas tan poco
la vida...

Italio
　　　　　　　¡Ay!

Tarso
　　　　　　　Tu desconcierto
te mata; y más vales muerto

que vivir celoso y loco.
Murió; huir me conviene
antes que tenga noticia
del matador la justicia.
Mi sagrado será Irene.

(Vase. Sale Leoncio.)

Leoncio　　　　　Pies perezosos, ¿qué es esto?
¡Huid! ¿Quién os entorpece,
que en el turbaros parece
que grillos en vos me han puesto?
　　¡Mas, ay! Que del malhechor
propio efecto el temor es,
y para turbar los pies
¿qué más grillos que el temor?
　　Tan atajado me hallo
de los que tras mí han venido,
que he tomado por partido
desjarretar el caballo
　　y esconderme en la espesura
de este monte, mas ¿qué importa?
Que si mi dicha es tan corta
y el emperador procura
　　matarme, no ha de haber donde,
vida, estéis segura vos,
porque un rey es como Dios
que ninguno se le esconde.

(Tropieza con el muerto.)

　　¡Jesús! En medio el camino
o durmiendo, o muerto está
un hombre. Agüero será

del mortal fin que imagino.
Quiero hacerle que despierte.
Hombre, ¿duermes? ¿Qué pretendo,
si he visto que está durmiendo
en la cama de la muerte?
¡Válgame Dios! Ya adivino
de mi fin el triste punto,
pues ha salido un difunto
para enseñarme el camino.
Porque el salir de esta suerte
un hombre al paso en tal caso
es para enseñarme el paso
que hay de la vida a la muerte.
Mas, ánimo, corazón,
que para enseñaros muestra
la necesidad, maestra
de enredos, una invención.
Venid, difunto, que en medio
de esta selva entretejida,
seréis, aunque estáis sin vida,
hoy de mi vida el remedio.

(Llévale. Salen los pastores y con ellos dos guardas del emperador. Damón
sale como alcalde.)

Guarda I   Ya os dije el traje y las señas.

Damón   Bien las sé, pierda cuidado.

Florilo   Estar debe agazapado
                  como liebre entre estas peñas.

Guarda II   Si le halláredes, os hace
                  de su cámara el augusto.

Damón	¿De su cámara? No gusto de ese cargo; no me place.
Florilo	Ofrezco al diablo el oficio de cámaras.
Damón	Yo os le doy; si de su cámara soy, querrá que esté a su servicio.
Guarda I	Es dignidad noble y grave.
Damón	Sí será; mas huele mal.
Guarda I	Tiene el que es más principal de su cámara la llave; mirad si es gran preeminencia.
Damón	Si de su cámara da la llave, nunca podrá hacerla sin su licencia. ¡Pardiez! Si no se me escapa, y camarón me han de hacer, que he de ir a Roma a ser de la cámara del Papa.

(Vanse. Saca Leoncio el muerto ensangrentadas cara y manos y trocados los vestidos.)

Leoncio	La cara le he desollado, y con mi propio vestido él es Leoncio fingido, y yo un pastor disfrazado.

> Aquí no importa dejarle,
> porque guardas y justicia
> si a Leoncio hallar codicia,
> le venga a hallar sin hallarle.
> Adiós, que en este desierto
> los dos hacemos el vivo;
> un muerto yo que está vivo,
> vos un vivo que está muerto.

(Vase. Salen los pastores y los guardas.)

Florilo

Por aquí sentí ruido.

Damón

Llegad paso, no se asombre
y se nos vaya.

Florilo

¡Hola! un hombre
está en el suelo tendido.

Damón

Pues agarradle los dos
y asidle bien.

Florilo

Su malicia
pague.

Damón

¡Tené a la justicia!
Muerto está.

Guarda I

¡Válgame Dios!
¿Qué miro? ¿No es el que veo
Leoncio?

Guarda II

Él es.

Guarda I	¿Quién le ha dado muerte?
Florilo	El rostro desollado tiene.
Damón	A fe que está bien feo.
Florilo	Y aun las manos, ¡bravo ultraje!
Damón	Pues no es San Bartolomé
Guarda I	¿Si es él, o si me engañé? Mas no, que aquéste es su traje. Este vestido o cadena conozco.
Guarda II	Pues ¿qué enemigo pudo darle tal castigo, que me causa verle pena?
Guarda I	Aún dudo mucho si es él.
Guarda II	Mírale las faltriqueras, satisfaráste de veras.
Guarda I	Aquí he topado un papel.
Guarda II	Por él lo sabrás mejor.
Guarda I	Mirar lo que dice quiero: «A Leoncio, camarero mayor del Emperador.»

74

Damón	No me quiero encamarar si me han de quitar la vida.
Guarda I	Sin duda que el homicida debió partirse a buscar alguna cabalgadura para llevarle a la corte por cobrar el premio en porte de esta cruel aventura.
Damón	Ten de ahí que aquesta vez le echamos la bendición.
Florilo	Ya, alcalde, sois camarón; ¡buen oficio!
Damón	Sí, pardiez.
Florilo	Ya la gravedad os urga allá dentro; camarlengo sois del césar.
Damón	Sí, que tengo oficio de día de purga.

(Vanse y llevan al difunto. Salen Andronio y Tarso.)

Tarso	Hazme aquesta merced, señor.
Andronio	Notables muestras das de leal; yo te concedo, pastor, que a Irene comuniques y hables; entra y despacha luego.

| Tarso | Desde hoy quedo |
| | por tu esclavo. |

| Andronio | Sea breve la salida. |

(Vase Tarso.)

Andronio   ¡Que persuadirme a tal delito puedo!
            ¡Que quiera hacerme bárbaro homicida,
            el césar, de su madre y su señora!
            ¡La vida quite a quien le dio la vida!
                Pero buena ocasión se ofrece ahora,
            amor, lealtad, temor dentro del pecho,
            que a Irene va a matar y a Irene adora.
                ¿Es posible que el breve trato ha hecho
            tan grande efecto en mí que amor de Irene
            ponga mi libertad en tal estrecho?
                ¿Yo a Irene amor? ¿a quien el mundo tiene
            por maravilla suya? ¿no es más justo
            que este apetito la razón refrene?
                Mas ¿cómo ha de poder, si corre el gusto
            a rienda suelta, y la pasión ha roto
            de la sabia prudencia el freno justo?
                Navega mi deseo en mar ignoto,
            ¿qué mucho que me anegue siendo ciego
            de aquesta pobre barca el vil piloto?
                ¿La estopa no se abrasa junto al fuego?
            ¿Está junto al ladrón seguro el oro?
            Hacienda por el mar, dinero en juego,
                todo corre peligro, y yo que adoro
            de mi divina presa la hermosura,
            perdonen mi deslealtad y su decoro,
                gozar quiero primero mi ventura

y luego darla muerte, pues me ofrece
mi amor y el césar esta coyuntura.
    Atrevimiento extraño me parece,
pero, si ha de morir, mi desatino
no se sabrá jamás. Pues ya anochece
    yo, quiero dar contento a Constantino
y a mi fuego amoroso. De este modo...
¡Mas ay! Que voy a hacer un desatino;
    pero si así mi amor hoy acomodo,
aunque sea traidor, alma, buen pecho;
que andando como anda el mundo todo,
necedad es andar a lo derecho.

(Vase. Salen Irene y Tarso.)

Tarso   Yo sé que el emperador
                    ha mandado darte muerte,
                    y será fácil ponerte
                    en salvo si de pastor
                        te vistes, y en mi lugar
                    sales, pues la noche oscura
                    cualquier engaño asegura.
                    Ea, vamos a trocar
                        los vestidos.

Irene   Dete Grecia,
                    Tarso, la palma y laurel,
                    por el más leal y fiel
                    que el siglo presente precia;
                        que yo, aunque te cause espanto,
                    antes en morir me fundo,
                    que en sufrir que pierda el mundo
                    un hombre que vale tanto.
                        Vete con Dios, que me aflijo

de que con tal desengaño
me dé la vida un extraño
cuando me la quita un hijo.

Tarso   Yo me tengo de dar muerte
si no procuras huir;
y pues tengo de morir,
señora, de cualquier suerte,
   goza del tiempo oportuno;
salva la vida, por Dios;
que no es bien que mueran dos
pudiendo vivir el uno.
   Mi trágico fin ordeno
si pones más intervalos.

Irene   ¡Cielos, que entre tantos malos
haya un hombre que es tan bueno!

(Vanse. Salen Constantino y el Rey de Chipre.)

Rey   Escríbesme que mi liviana hija
mi honra, gran señor, tiene manchada,
y espántaste de que el camino elija;
   déjame hacer, su infamia averiguada,
y verás que en su torpe sangre dejo
la mancha triste de su honor lavada.
   Mas ¿es posible que la que era espejo
de las mujeres, poderoso augusto,
la sangre injurie de su padre viejo?
   ¿Adúltera, Carola? ¡Cielo injusto!
¿Carola de un adulterio preñada?
Deja que dude, que el dudarlo es justo.
   Carola en todo el mundo celebrada
por Vesta en castidad cuando doncella,

¿lasciva Venus es cuando casada?
　Mil imposibles tiene tu querella;
perdóname si ves que dificulto,
que una pasión por todas atropella.

Constantino 　　　A no ser cierto, rey, aqueste insulto,
¿soy hombre yo, que había de afirmalle?
Grecia te lo dirá, que no es oculto,
　y tuvieras razón para dudalle
si fuera menos yo y él más secreto,
y no se murmurara en cualquier calle.
　Trata a tu emperador con más respeto,
que poner en mí duda es desacato,
y te castigaré.

Rey 　　　　　　Vesme sujeto,
　y en fin llegué a tu corte sin recato,
que yo sé que me hablaras de otra suerte
si me vieras con bélico aparato.
　Mas, Constantino, la razón advierte
que me fuerza a temer y estar dudoso,
verás que es grande y mi sospecha fuerte.
　El día mismo que te dió de esposo
(Aparte.) 　nombre mi hija (—nunca te le diera—),
en el fuego de amor libidinoso
　de una vil mujer, Circe hechicera,
según vengo informado, te encendiste,
fingiendo esta maraña, esta quimera.
　A tu madre en prisión cruel pusiste,
temiendo que a tu amor vano e injusto
pusiera fin, que, aunque mujer, temiste.
　Si es prenda tuya, pues, invicto augusto,
la que tiene mi hija en sus entrañas,
¿por qué deshonra mi vejez tu gusto?

Ella lo jura así, cesen marañas,
pues hay de su inocencia mil indicios
que muestran que te engañan o me engañas.
　　Pobres, ricos, plebeyos y patricios
a Carola apellidan por señora,
y aun no sé si murmuran de tus vicios.
　　Pues si tienes tu madre presa ahora,
siendo de la virtud claro dechado,
y pospones mi hija por Lidora;
　　si has afrentado tu imperial senado,
que era la basa de tu griego imperio,
por habértelo justo aconsejado,
　　¿qué mucho que quien tiene en cautiverio
su esposa y madre ordene esta maraña
y finja aquel ilícito adulterio?

Constantino　　Si el dolor que tus canas acompaña
no me hicieran creer que estás sin seso,
fueras motivo de una cruel hazaña.
　　Si huyó el autor de aqueste vil suceso,
¿no es bastante ocasión que fue culpado
Leoncio, pues huyó? Déjate de eso,
　　y agradece que no te he castigado.

Rey　　Pluguiese a Dios que aquí me dieses muerte
por no vivir confuso y afrentado;
　　que dos hijos me dió mi infeliz suerte
que vengarán mi vida.

Constantino　　　　　　　　Porque creas,
rey, que es verdad cuanto te digo, advierte.
　　Yo quiero hacer que aquesta noche veas
tu afrenta y desengaño, y que escondido,
testigo de tu mismo agravio seas.

No solamente el vil Leoncio ha sido
quien de Carola mancha el nombre honesto
y es el Eneas de esa casta Dido;
   con la guarda mayor es manifiesto
que en la prisión su nombre y fama infama.
Tú propio puedes ser testigo de esto;
   detrás de las cortinas de su cama
te puedes esconder, y por tus ojos
efectos ver de su lasciva llama.
   Castiga sus ilícitos antojos,
que si en silencio tuve este suceso
fue por no acrecentar más tus enojos.

Rey   ¡Válgame Dios! ¿Que a tan notable exceso
llega mi infamia? pues me dejáis vivo,
quitadme, cielos, con la honra el seso.
   A ver este delito me apercibo.
Haz que no sepa, césar, mi venida;
verás presto mi enojo vengativo,
   y, adiós, que voy a entretener la vida
porque no se me acabe hasta que sea
de aquesta infame hija filicida
y mi venganza con mi muerte vea.

(Vase. Salen Clodio y Lidora. Constantino retirado.)

Constantino   En brava confusión quedo.
¿Quién me ha enseñado a mentir;
y cómo podré cumplir
con mi fama y con mi enredo?

Lidora   Esta noche gozarás
la esperanza que entretienes
si, como te digo, vienes,

Clodio, solo como estás,
y entras por la sala donde
guardan la infanta Carola,
que tiene una puerta sola
que a mi cuadra corresponde.
Ves aquí la llave de ella,
que ya te ha dado mi amor
la del alma.

Clodio   Ese favor
estimo, Lidora bella.
¿Qué en tu dichoso retrete
tendrá fin mi pena?

Lidora   Sí.

Clodio   Quedo; el César está allí.

Lidora   ¿Hate visto?

Clodio   No.

Lidora   Pues vete.

Clodio (Aparte.)   Adiós. (Noche perezosa,
a apresurar tu camino
me parto.)

(Vase. Sale Constantino; luego un Criado.)

Lidora   ¡Mi Constantino!

Constantino   ¡Dulce y bellísima esposa!

Lidora	¿Qué pensamiento os divierte y os tiene triste y suspenso?
Constantino	Una traza, mi bien, pienso con que al de Chipre dar muerte, que importa a nuestro reposo

(Tocan cajas y sale un Criado.)

¿Qué es esto?

Criado	César invicto: Roselio viene de Egipto y su soldán victorioso.
Constantino	Él viene a buena ocasión; premio su esfuerzo merece. Un medio el cielo me ofrece importante a mi intención. A ver su entrada salgamos, que es un famoso soldado. Buena maraña he forjado; mataránse los dos, vamos.

(Vanse. Salen Irene, de pastor, y Andronio.)

Irene	Tu lealtad al mundo asombre; la fama te inmortalice, y en mármoles eternice, pastor famoso, tu nombre.
Andronio	¿Vaste?
Irene	Sí, que es largo el trecho

	de nuestro pueblo y es tarde.

Andronio   Anda con Dios.

Irene   Él te guarde
y me saque de este estrecho.

(Vase Irene.)

Andronio   ¿Contó jamás la mentirosa Fama
igual suceso y caso de esta suerte
en cuantas partes de sus plumas vierte
las nubes portentosas que derrama?
    ¿Contó jamás de un hombre que en la llama
se abrasa de Amor, dios cobarde y fuerte,
que pretenda gozar y dar la muerte
a un mismo tiempo a quien adora y ama?
    Rigor es inaudito y sin segundo;
mas, por vivir, a hacerle me provoco,
pues en su ejecución mi vida fundo.
    Cuente la Fama, pues, mi intento loco,
que yo sé que dirá después el mundo
que en un reino al revés todo esto es poco.

(Vase. Salen soldados y sacan mesa, vela, dados y juegan.)

Soldado I   Sacar dineros, soldados.

Soldado II   ¿No hay harta noche?

Soldado I   ¿Qué importa,
si la más larga es más corta
cuando se juega? Echen dados.
    Pasé a nueve.

Soldado II	Topo y gano, los tres a once.
Soldado III	Topo aquí y aquí. ¡Voto a Dios, gané!
Soldado IV	Perdí. Venturosa fue esta mano. Eche.
Soldado II	A ocho he de parar, ¡esto!
Soldado I	Pase, no le duela.
Soldado III	Despabilen esa vela.
Soldado II	Repárola.
Soldado I	Topo.
Soldado IV	¡Azar!
Soldado II	Siete y llevar.
Soldado I	Lléveme el diablo si aquésta pierdo.

(Salen Tarso, con el traje de Irene, y Andronio.)

Andronio	No hay, señora, amante cuerdo; Amor es ciego y no ve. Dadme gusto, y vive Dios

que del fiero matricida
ponga en salvo vuestra vida
huyendo juntos los dos.
    Ea, respondedme, pues
veis a lo que estoy dispuesto.

Tarso (Aparte.)   (¡No faltaba más que aquesto
para andar todo al revés!
    Ya no puede durar nada,
habiendo luz, mi disfraz.
Ánimo, ciego rapaz,
quitarle quiero la espada.)

(Quítale la espada a Andronio.)

    Hombre no más que en el nombre,
tu muerte tiene de ser
un hombre que hecho mujer
dará muestras de que es hombre.
    Irene huyó; mi valor
la dio libertad.

Andronio   Soldados,
dejad los infames dados,
matad a aqueste traidor.

(Echan mano todos contra Tarso.)

Soldado I   ¿Traidor? Traidora dirás.
¿No es mujer?

Tarso   Cuando lo fuera,
bastante una mujer era
para vosotros, y aun más.

Andronio	Muera, que es un vil pastor.
Tarso (Aparte.)	(Huid, que es lo que os conviene, que con el traje de Irene me ha vestido su valor.)

(Vase.)

Andronio	Seguidle, escuadrón cobarde.
Soldado I	Vamos.

(Vanse los soldados.)

Andronio	¡Ay, cielo enemigo! el césar me da un castigo atroz, no es bien que le aguarde; huyamos, pues, vida amada, que estáis en notable estrecho. ¡Qué buena burla me han hecho a no salir tan pesada!

(Vase. Salen Roselio y Constantino.)

Roselio	¿Mi hermana, cielos, manchó su sangre siendo liviana? ¡Jesús! ¿mi hermana? ¿mi hermana? ¿duermo? ¡Mas ay, Dios, que no!
Constantino	Yo os pondré, Roselio, en parte, donde del daño que digo, siendo vos propio el testigo, cojáis a Venus con Marte.

Roselio	Alto, pues, honra perdida.
	La venganza es bien que os cuadre;
	vamos, no sepa mi padre,
	señor, mi triste venida
	hasta que de mí colija
	que el cielo le quiso dar
	hijo que sabe vengar
	las infamias de su hija.

(Vase.)

Constantino	Bien se traza de esta suerte;
	de noche es; haré, aunque ladre
	contra mí el vulgo, que un padre
	y un hijo se den la muerte.

(Vase. Sale el Rey de Chipre y luego Roselio.)

Rey	Éste es el teatro, honor,
	donde el mundo representa,
	anque a oscuras, nuestra afrenta,
	tu venganza y mi rigor.
	El papel tienes mejor.
	Sal, si decirle procuras,
	y si a mucho te aventuras
	a oscuras, no temas, llega,
	que pues la venganza es ciega
	bien puedes vengarte a oscuras.

(Sale Roselio por la otra puerta.)

Roselio	Aquí me trajo el augusto,
	donde a oscuras he de ser

lince, que tengo de ver
mis agravios, ¡mundo injusto!
A oscuras vengarme gusto;
que si la luz es testigo
de la deshonra que digo,
saldráse a luz mi despecho,
y delito a oscuras hecho
a oscuras pide castigo.

Rey   Parece que las pisadas
del adúltero me avisan
que sus plantas viles pisan
de mi infamia las moradas;
ánimo, venas heladas,
dad a la venganza rienda
y no sufráis que os ofenda
sangre vil, sin sacar sangre;
que la afrenta que es de sangre
justo es que la sangre encienda.

(Saca la daga.)   Salid, vengativa daga,
y cuando pase, abrid paso
a su vida, que en tal caso,
solo así mi honor se paga.

Roselio   No sé, cielos, lo que haga;
temblando voy; mas, honor,
¿dónde está vuestro valor?

(Saca otra daga Roselio.)

¿De qué tembláis, brazo flojo?
Mas también tiembla el enojo
cuando echa fuera el temor.

(Sale Clodio por en medio de ellos.)

Clodio   Ésta es la dichosa hora
                   para mi ventura cierta,
                   y este el cuarto de la puerta
                   donde me aguarda Lidora.
                   Presa aquí la infanta mora;
                   gozar quiero la ocasión
                   y abrir.

Rey   Ahora, corazón,
                   sacad la flaqueza fuera.
                   Muera el vil.

Roselio   El traidor muera.

(Danle los dos, uno por las espaldas, otro por el pecho.)

Clodio   ¡Ay, muerto soy, confesión!

(Sale Constantino.)

Constantino (Aparte.)   (Que se mataron colijo
                   los dos, traza fue excelente.)
                   ¡Ah de mi guarda! ¡Hachas! ¡Gente!
(Sacan hachas.)   ¿Qué es aquesto?

Roselio   ¡Padre!

Rey   ¡Hijo!

Constantino (Aparte.) (Trocóse mi regocijo;
                   vivos los dos han quedado.
                   ¿Todo al revés, cielo airado?)

Roselio	¿Señor?
Rey	Infante, ¿en tal parte? ¿a qué viniste?
Roselio	A vengarte.
Rey	Ya yo propio me he vengado. ¡Ay invicto emperador! que a mi costa salió cierto lo que dijiste. Ya he muerto, no castigado, al traidor. Pero, ¿cómo mi rigor, siendo la injuria sangrienta, con tan poco se contenta? Vamos, que una muerte sola no basta. ¡Muera Carola!
Roselio	Muera, y con ella esta afrenta.

(Vanse los dos.)

Constantino	Mátenla y podré gozar seguro esposa e imperio. ¡Ah desdichado Liberio, tú lo hubiste de pagar! ¿Quién te trajo a este lugar para morir sin reparo? Llevadle de aquí. ¡Qué avaro te fue el cielo! ¡Ay mi Lidora! Dirás que te salió ahora tu amor e imperio bien caro.

(Vase. Sale Carola medio desnuda.)

Carola   Ya no hay, Fortuna atrevida,
             con que perseguirme más.
             ¿Estás contenta? No harás,
             porque aún me ves con la vida.
             Solo el honor me convida
             a guardarla, que no huyera
             si honrada morir pudiera.
             Esta puerta sale al mar.
             Peces, ¿queréisme ayudar
             en persecución tan fiera?
                Qué de cosas he perdido
             juntas, mundo burlador!
             Imperio, esposo y honor,
             padre, hermano y el vestido;
             casi desnuda he salido
             huyendo mi muerte. Pies
             huyamos a la mar, pues
             quizá en su golfo profundo,
             andará derecho el mundo
             pues en tierra anda al revés.

             Fin de la segunda jornada

Jornada tercera

(Sale Irene vestida de pastor.)

Irene   Monte soberbio, que entre pardas nubes
de estrellas coronado
imitas a Nembrot y al Sol asaltas,
pues hasta el cielo subes;
si a la verdad que allá se fue has mirado,
vivir de asiento en sus moradas altas,
declárale las faltas
que en la tierra introdujo la malicia;
dile que no hay justicia,
que el mundo y su gobierno está de modo
que, andando al revés todo,
del hijo la madre huye,
porque su vida, bárbaro destruye,
hallando aunque te asombres,
en tus fieras piedad, mas no en los hombres.

(Sale Tarso, de pastor. Dentro Carola y un Marinero.)

Tarso   En tus fieras piedad, mas no en los hombres,
pienso hallar monte espeso,
que ya en los hambres tu aspereza fundo.
Trocad, brutos, los nombres
por ellos, que por más brutos confieso
los que hombres llama el engañado mundo;
un príncipe iracundo
que a su madre ha querido dar la muerte,
hace que de esta suerte
huya, porque de su tirana furia
estorbe aquesta injuria.
Mi habitación seréis áspero monte,

93

	sepa vuestro horizonte que hoy a habitar vuestra esperanza viene, Tarso, el pastor que dio la vida a Irene.
Irene	Aquí, cielos, ¿qué escucho? Fortuna ciega, no te temo ahora. Libertador solemne de aquesta vida con quien peno y lucho, mi dicha con tu vista se mejora.
Tarso	Bellísima señora, ¿es posible que aquí te trajo el cielo? Que lo sueño recelo; vida, en verte recibo.
Irene	Tarso, ¿qué, vienes libre?
Tarso	Libre y vivo; porque vengué tu ultraje con el valor que me vestí en tu traje.
Irene	Pues la Fortuna en paz, su guerra muda, cese el rigor; piadoso cielo, ayuda.

(Gritan de dentro Carola y un Marinero.)

Carola	¡Cese el rigor, piadoso cielo, ayuda!
Marinero	No temas, que la tierra está cerca, señora.
Carola	¡Ay mar airada! ¡Vuestro favor acuda; sed, Virgen, paz en tan confusa guerra,

	por ser mujer, cual vos más desdichada!
Marinero	Ya no hay que temer nada, tira de aquesta cuerda.
Irene	Tarso, espera; una voz lastimera sale del mar.

(Sale un Marinero mojado y tirando de un cordel, a quien va asida Carola sobre una tabla.)

Carola	¡Ay cielos, que me muero!
Irene	¿No ves un marinero y una mujer asida a aquella tabla que ni se mueve ni habla?
Marinero	Libre estás ya del mar, mujer; levanta.
Carola	¡Ay, perseguida y desgraciada infanta!
Irene	¿Ay, perseguida y desdichada infanta? ¿Qué desdicha te ha puesto en tal aprieto? Mas ¿qué pregunto, si el que de esta suerte me hace andar, con desatinos vive? ¡Ah, infanta! ¡Ah mi Carola!
Carola	¿Quién me llama?
Irene	Irene soy.
Carola	¿Irene?

Irene	La infelice.
Carola	¿La madre de mi esposo?
Irene	La que diera por no serlo la vida que él persigue.
Carola	Ya muero con contento en tu presencia; dame esos brazos.
Irene	No permita el cielo que a ver mis ojos tal desgracia lleguen.
Marinero (Aparte.)	(¡Cielos! ¿Ésta es Irene? ¿Ésta es Carola, madre y esposa del monarca griego? Sin duda que el temor de verse presas les hizo que, rompiendo las prisiones, huyesen de este modo. Mas ¿qué aguardo, que no voy a avisar a Constantino? Pues sabiendo por mí que aquí se esconden saldré de pescador con las mercedes que de su mano espero. Adiós, señores, que, pues la infanta, a quien sin conocerla, la vida he dado, en vuestra compañía está segura y libre, yo me parto en busca de los otros compañeros que conmigo saltaron de la barca, cuando la abrieron las mojadas rocas.)
Carola	Aún no tengo con qué poder pagarte el favor que me has dado. El cielo quiera darme con que te premie este socorro.

Marinero (Aparte.)   Adiós. (A dar aviso al César corro.)

(Vase.)

Irene   Infelice señora, ¿qué fortuna
                    nos persigue a las dos?

Carola   Aquese monstruo,
                    que por hijo te dio nuestra desdicha,
                    a mi padre y hermano ha persuadido
                    que en adúlteros brazos le deshonro,
                    y huyendo de su furia... Mas —¡ay cielos!—
                    ¡qué terrible dolor! ¡Jesús, que muero!

Tarso   Pues ten, señora, esfuerzo y no le pierdas,
                    y vamos, que en lo espeso de este monte
                    haremos chozas de sus verdes ramas,
                    y aunque groseras, camas de sus hojas.
                    Mi pedernal y yesca dará lumbre
                    con que enjugar las ropas y abrigarte;
                    y aunque en peligro ponga aquesta vida,
                    iré al lugar y pueblo más cercano
                    a traer de comer, aunque el vestido
                    en trueco deje.

Irene   Vamos, poco a poco.

Carola   ¡Ay, Jesús, qué dolor!

Irene   ¡Ay, hijo loco!

(Vanse. Salen Constantino, Macrino y Lidora.)

Constantino   Ya Carola será muerta;

que aunque del padre y hermano
al mar huyó por la huerta,
fueron tras ella, y es llano
que harán su venganza cierta.
     Huyó mi madre también,
y aunque el darla muerte fuera
más seguro, me está bien
que por otras manos muera,
que no me faltará quien
     me asegure el reino y tierra
con su muerte; y pues destierra
su ambición y así se va
de mi imperio, no podrá
con su ayuda hacerme guerra.
     En fin, que el morir Liberio,
aunque con tal vituperio,
fue causa, bella Lidora,
de que gocemos ahora
los dos seguro el imperio.

Lidora   No puedo negar, señor,
la pena que siento en vano
por mi hermano; que su amor
pasaba de amor de hermano
a otro más estrecho amor.
     Mas aunque con ella lucho,
por ser vuestro gusto escucho;
doy por bien su muerte presta,
porque si mucho me cuesta,
entendáis que os amo mucho.

Constantino   Mucho amáis, porque os amé
mucho; ya, gracias al cielo,
mi imperio regir podré,

sin que temor ni recelo
madre y esposa me dé.
    Desde hoy hacer determino
leyes que, de Constantino,
Constantinas llame el mundo,
siendo Licurgo segundo
de Grecia. Llama, Macrino,
    a audiencia todos los presos;
que, pues deshice el senado
que juzgaba sus procesos,
es bien que tenga cuidado
de castigar sus excesos.

Macrino   Yo voy.

(Vase.)

Lidora   Esos ejercicios
dan, mi bien, de vos indicios,
reconociendo en vos Grecia
juez que las virtudes precia
y que castiga los vicios.

(Siéntanse.)

Constantino   Sentaos, pues, que vuestro amor
ha de ser mi guía.

(Salen Macrino y un Relator.)

Macrino   Señor,
ya tienes en tu presencia
presos a quien dar audiencia.

(Salen los presos, y van llegando como los van nombrando.)

Constantino	Diga, pues, el Relator, ¿por qué está aqueste hombre preso?
Relator	Es un ladrón afamado que, como reza el proceso, ha estado ya sentenciado otra vez a ahorcar.
Constantino	¿Por eso?
Relator	Sí, que son de precio extraño los hurtos que en solo un año en Constantinopla ha hecho.

Constantino	Hágale muy buen provecho;
	soltarle, no le hagáis daño.
	   Licurgo Lacedemón,
	cuyas sabias leyes sigo,
	estableció, y con razón,
	que no le diesen castigo
	por ningún hurto al ladrón.
	   Pues sus leyes os enseño,
	soltarle, que no es pequeño
	el peligro a que se arroja
	de que en las manos le coja
	el hurto al ladrón su dueño.

Macrino	¡Buenos jueces!
Relator	¡Extremados!
Macrino	Serán, con tal libertad,

100

                        ladrones los más honrados.

Constantino   Quiero que haya en mi ciudad
                         castigo de descuidados;
                            hurta sin que te corrija
                         el temor.

Ladrón   Tu imperio rija
                         desde el Indo Batro al Tibre.

(Vase.)

Constantino   Anda con Dios, vete libre.

Macrino (Aparte.)   (No sé de esto qué colija.)

Constantino   Venga otro preso.

Relator   Este mozo
                         ha que está en el calabozo
                         un mes.

Lidora   ¿Y por qué desastre?

Relator   Porque hurta, siendo sastre,
                         sin máscara ni rebozo
                            la mitad de todo cuanto
                         corta.

Lidora   Ya es inclinación
                         muy antigua; no me espanto,
                         si han de vestir un pendón
                         que crece y que dura tanto.

Constantino	Yo remediaré este daño sin que haya más engaño, ni los prendan más por eso; tomen por medida y peso de hoy más, los sastres el paño, y después que esté cosido, cuando lo vuelvan a dar, sea pesando el vestido, y así no podrán hurtar.

(Vase el Sastre.)

Lidora	Traza de tu ingenio ha sido.
Constantino	Otro.
Relator	Éste es un casado que ha un año que no hace vida con su mujer, y hanle hallado con otra mujer perdida dos noches.
Constantino	No es gran pecado. Ven acá, ¿cuánto ha que estás casado o cansado, y das sustento a mujer y casa?
Hombre	Señor, de diez años pasa.
Constantino	Pobre de ti, ¿diez?
Hombre	Y aún más.
Constantino	Suficientes eran dos

	para hacerte padecer un infierno; anda con Dios, mártir eres de mujer, no hagáis más vida los dos.
(Vase el Hombre.)	Y pregónese en mi nombre, aunque mi imperio se asombre, de mandatos tan extraños, que de cuatro en cuatro años remude mujer el hombre.
Relator	¿Vos contra la ley cristiana?
Constantino	No importa, otra ley me avisa que fuera cosa bien sana el mudar como camisa la mujer cada semana.
Macrino (Aparte.)	(¡Ay Grecia, que vas perdida!)
Constantino	La experiencia me convida hacerlo de aquesta forma; que no hay más pesada corma que una mujer de por vida. ¿Por qué estáis preso?
Relator	Señor, en un horno echar le han visto con herético furor, cuando ardiendo estaba, un Cristo, y aún afirma en el error del emperador León, autor de blasfemias tantas, que cuantos adoración a las imágenes santas

                                   diesen, idólatras son.

Constantino   Dice la verdad más cierta
                                   de cuantas mi ley concierta;
                                   solo a Dios se ha de adorar
                                   del cielo, y no idolatrar
                                   un palo o estatua muerta.
                                      Y publique Grecia luego
                                   que honrar simulacros tantos
                                   es error de herejes ciego;
                                   las imágenes de santos
                                   se quemen, haciendo un fuego
                                      público, pena de muerte.

Relator   Vuelve, gran señor, en ti.

Constantino   A Dios honro de esta suerte.
                                   ¿Contradíceslo tú?

Relator   Sí.
                                   Oye, Emperador, advierte.
                                      La adoración que se aplica
                                   a la imagen, prenda rica
                                   de nuestra humana miseria,
                                   no es por ella o su materia,
                                   más por lo que significa.
                                      Es la imagen como historia
                                   que nos trae a la memoria
                                   en los católicos templos
                                   los portentosos ejemplos
                                   de los que están en la Gloria.
                                      Si porque de palo son
                                   o plata, los adorara
                                   la cristiana religión

y adelante no pasara
nuestra justa devoción,
  fuera idólatra sin duda
quien una imagen desnuda
reverenciara, y tuviera
por Dios y favor pidiera
a un palo, a una tabla ayuda.
  Mas, como tu sello real
se estima en tu propia cuenta,
no porque es de oro o metal,
sino porque representa
tu dignidad imperial,
  y de quien le depreciara
y en las llamas le arrojara
se agraviara tu corona,
cual en tu misma persona
su locura ejecutara,
  de esa suerte, pues, la gente
que de la inmortal presencia
de los santos vive ausente,
su memoria reverencia
en sus tablas solamente.
  Y si con error tan ciego
mandas que tu imperio griego
queme sus santas figuras,
los mismos santos procuras
echar también en el fuego.

(Levántanse.)

Constantino   Prended a aqueste hablador;
veamos si hay algún santo
que venga a darle favor;
y esté sin comer en tanto

que defendiese este error,
　que debajo de los pies
los he de poner, pues es
idólatra quien los precia.
Bien parece que eres, Grecia,
la república al revés.

(Vanse. Salen el Rey de Chipre y Roselio.)

Roselio

　　Según dijo el marinero,
las olas del mar amargo
tomaron, padre, A su cargo
vengar nuestro agravio fiero;
　que escondiendo en su profundo
su lascivo cuerpo, intenta
que sepultando tu afrenta
no venga a saberla el mundo.
　A Chipre puedes volverte;
que si Carola ha manchado
su honor, el mar ha lavado
la mancha, con darla muerte.

Rey

　　¿Cómo ha de poder lavar
el mar mi justo dolor,
si para manchas de honor
es poca el agua del mar?
　¡Ay, Roselio, que no puedo
persuadirme a que la infanta
fue autora de culpa tanta,
y temo que ha sido enredo
　del infame emperador!

Roselio

A mí, la propia sospecha
me tiene el alma deshecha.

Rey	Oye, que viene un pastor,
	y en este desierto quiero
	saber en qué parte estoy.

(Sale Leoncio, de pastor.)

Leoncio	Cielo airado, ¿dónde voy?
	¿Qué pretendo? ¿En quién espero?
	Mi suerte vil, ¿qué procura?
	¿De quién huyo, si conmigo
	traigo el mayor enemigo,
	que es la falta de ventura?
	¡Ah Fortuna vil! ¿Así
	das a Leoncio sosiego?
	¿Es éste el imperio griego
	y mundo que abierto vi?
	Mas, cómo juegas y burlas,
	burláronme tus quimeras,
	tú me afrentarás de veras,
	pues que me honraste de burlas.

Rey	¡Leoncio! ¡Oh, dichoso el día
	en que el cielo soberano
	quiere, que vengue mi mano
	vuestra deshonra y la mía!

(Cógenle los dos y sacan las dagas.)

> ¡Ah, traidor! Aquí tu insulto
> me pagarás sin huir;
> que Dios sabe descubrir
> lo más secreto y oculto.

Leoncio	¿Roselio? Rey, gran señor detente, escucha primero.
Roselio	¡Ah, lobo vil, que el cordero despedazas de mi honor! ¿Qué injuria te hice jamás que así mi sangre deshonras?
Rey	Ladrón cruel de las honras, yo haré que no robes más.

Leoncio	Si con mi muerte te pagas
	de tu agravio, morir quiero;
	mas óyeme rey, primero,
	para que te satisfagas;
	  que ese furor ya imagino
	y sé que debe de ser
	por haberte hecho creer
	que te afrenté, Constantino.
	  Mas la noche que a Carola
	de esposa la mano dio
	en su lugar pretendió,
	gozar a su dama sola,
	  y dándome de ello cuenta,
	me mandó que procurase
	cómo la infanta quedase
	ignorante de esta afrenta.
	  Yo, que en la amorosa llama
	de Lidora me encendí,
	al revés la traza di,
	y trocando cuadra y cama,
	  su esposa el césar gozó,
	que era Lidora creyendo,
	y al mismo tiempo fingiendo

que era Constantino yo,
  en nombre suyo gocé
la hermosura de Lidora,
y a la infanta, mi señora,
de aquesta suerte vengué.
  Y en este fingido traje,
temiendo fuese sabida
mi traza, libré la vida.
Si esto ha sido hacerte ultraje,
  mátame, rey, mas no creo
que lo juzgarás portal.

Rey   Antes muestras de leal,
Leoncio, en tu rostro veo;
  yo estoy cierto que has contado
la verdad, porque acá dentro
el corazón en su centro
así lo había adivinado.
  Roselio, ¿qué te parece
si fue cierto mi temor?

Roselio   Estoy confuso.

Rey   ¡Ah traidor
Constantino! Bien parece
  que eres griego, descendiente
de Ulises y sus engaños.
No corte el hilo a mis años
la Parca, que venir siente
  mi vejez larga y prolija,
hasta que asuele tu imperio;
.... [-erio]
vengue mi difunta hija.

Leoncio	¡Válgame Dios!, pues ¿es muerta?
Rey	¡Ay, Leoncio amigo, sí, ya murió! Mas vive en mí su venganza.
Leoncio	Será cierta, si a tu reino luego partes y embarcando armas y gente sobre Grecia de repente pusieres tus estandartes en las famosas almenas de Constantinopla, adonde nuestro enemigo se esconde; que mientras tu campo ordenas, yo en persona partiré a las legiones que están sin caudillo y capitán en Armenia, y las haré amotinarse y venir contra este desatinado que a todos nos ha afrentado. Fácil será persuadir al ejército que haga esto, y más que los soldados se ven de él menospreciados y ha un año que no les paga.
Rey	Pues con aquesa esperanza yo me parto.
Leoncio	Y yo también.
Rey	Muerte, tu curso detén

hasta que me des venganza.

(Vanse. Sale Lidora, con Camila a tocarse al espejo, y siéntase.)

Camila   ¿Qué vestido has de ponerte?

Lidora   Cualquiera; saca el morado
sobre tela acuchillado.

Camila   Triste estás de aquesta suerte.

Lidora   ¿Triste? ni por pensamiento;
lo morado, ¿no es amor?

Camila   Sí; pero aquese color
es de cuaresma o adviento.

Lidora   Salga el turquesado, pues.

Camila   Deja lo azul a los cielos,
no te pronostiques celos;
el de rosa seca es
buen color y grave.

Lidora   Quita
allá tanta terquedad;
que la rosa de mi edad
ni está seca ni marchita.

Camila   Ponte el de flor de romero.

Lidora   La color es extremada,
pero el nombre no me agrada.

Camila	¿No le quieres?
Lidora	No le quiero.
Camila	¿Qué es la causa porque cobres odio al romero?
Lidora	¿No ves que huele a pobreza y es la pastilla de los pobres?
Camila	Pues traeréte el verde oscuro.
Lidora	Verde oscuro, ¿qué mudanza entristece mi esperanza? ¿No vive mi amor seguro?
Camila	Ponte el blanco.
Lidora	Es de novel que se arma caballero.
Camila	¿Pajizo?
Lidora	No desespero.
Camila	¿Encarnado?
Lidora	Es muy cruel.
Camila	¿Verdemar?
Lidora	No me contenta, que esperanza puesta en mar

o se tiene de anegar
o ha de padecer tormenta.

Camila   El leonado es a mi gusto.

Lidora   No me llamo yo Leonora
ni estoy congojada ahora.

Camila   Ponte el negro.

Lidora   De ese gusto
ningún color se le iguala,
por eso con él me alegro,
que sale sobre lo negro
por extremo cualquier gala.
    Ponle los botones de oro
porque no digan que es luto.

(Sale Constantino.)

Constantino   A darte viene tributo
el amor con que te adoro.
    La sala de mi consejo,
llena de mil negociantes
y embajadas importantes
solo por tu causa dejo,
    que tiene que negociar
mil cosas contigo el alma
y vive sin verte en calma.

Lidora   Déjame, mi bien, tocar.
    Por fuerza has, señor, de ver
mis faltas. ¡No me dejaras
tocar primero!

Constantino	Dos caras
	suelen dar a la mujer,
	una hermosa y otra fea;
	la hermosa es cuando compuesta
	hace al gusto plato y fiesta
	y los sentidos recrea.
	Pero cuando se levanta
	dicen que pone temor,
	que una cara en borrador
	no enamora, sino espanta.
	De ti otro tanto juzgara
	a no venirte así a ver,
	mas ya sé que, aunque mujer,
	no tienes más de una cara.
Lidora	Reír me has hecho; alza más
	aquese espejo.
Constantino	¿Está bien?
Lidora	Sí; aquesos cabellos ten.
Constantino	Los rayos del Sol dirás.
Lidora	¿Estoy a tu gusto?
Constantino	Sí.
Lidora	Pues no sé cómo, que dejo
	de mirarme en el espejo,
	mi bien, por mirarme en ti.
Constantino	Suelta estos pocos cabellos

114

al descuido, que es donaire
verte el rostro cuando el aire
está jugando con ellos.
Ahora que te has tocado,
mírate bien, cara esposa,
verás si es mi dama hermosa
y si estoy bien empleado.

Lidora   No por cierto; más mereces,
que es fea y de necio trato,
mírate tú en tu retrato
y verás cuán bien pareces.

(Mírase Constantino en el espejo y espántase.)

Constantino   ¡Ay!

Lidora   ¿Qué has visto?

Constantino   Un hombre armado
del propio rostro y figura
de Leoncio, que procura
matarme.

Lidora   ¡Lindo has estado!
¿pensabas burlarme así?

Constantino   ¿Turbárame a no ser cierto
lo que he visto?

Lidora   ¿A Leoncio muerto
no le trajeron aquí?
Calla, que ése es devaneo.

Constantino	¡Ay cielos! Quítale allá. ¿No le has visto cual está?

(Vuelve a mirarse.)

Lidora	Sola aquí mi imagen veo.
Constantino	Alguna hechicera vil me pretende dar la muerte con hechizos de esa suerte; y si es encanto sutil no hago de hechizos caso que soy otro Ulises yo. Leoncio ya se murió, ¿qué mal puede hacerme?

(Salen un Marinero y Macrino.)

Marinero	Paso.
Macrino	Aguárdate allá, grosero.
Marinero	Si está aquí el emperador téngole de hablar. Señor, yo, que un pobre marinero soy, he sabido que das premio a quien noticia tiene de la emperatriz Irene.
Constantino	¿Tiénesla tú?
Marinero	Sí; sabrás que en los montes más cercanos de Constantinopla está,

y fácilmente vendrá,
ella y Carola a tus manos,
   porque si no es un pastor
no tienen otra defensa.

Constantino   Digno eres de paga inmensa;
                     premiaráte mi favor.
                        Y a fe que ha de ser de traza
                     que en vida y trato mejores.
                     Llamadme mis cazadores,
                     que quiero salir a caza.

Lidora   Pues yo os he de acompañar,
                     que una caza como aquésa
                     promete famosa presa.

Constantino   A mi madre he de cazar;
                        que pues su vida me mata,
                     matarla por vivir quiero.

Lidora   Camila, dame el baquero
                     de verde y hojas de plata.

(Vanse. Salen Leoncio de pastor, y soldados.)

Leoncio   Soldados del griego imperio;
                     capitanes valerosos
                     de vuestra patria defensa,
                     de los contrarios asombro;
                     vosotros que tantas veces
                     las banderas habéis roto
                     de la multitud morisca,
                     y a quien tiembla el mundo todo;
                     vosotros que habéis vencido

tantos bárbaros remotos,
como son: tártaros, persas,
húngaros, polacos, godos;
vosotros, griegos, en fin,
¿consentís que os rija un mozo,
un emperador hereje,
un disparatado, un loco?
¿Qué es de vuestro valor, griegos?
¿Qué es del renombre glorioso
con que el magno Constantino
pasó aquí su imperial trono?
¿Sabéis a qué Augusto César
honran las hojas de Apolo?
¿Queréis ver que hazañas hace?
Escuchadme, pues, un poco.
A la emperatriz Irene,
que acaudillándoos a todos,
con ser mujer, dejó atrás
los hechos del Macedonio,
prendió, y queriendo matarla,
huyó a los desiertos solos,
donde desterrada habita
entre tigres pardos y osos.
La hija del rey Chipre,
a quien dio mano de esposo,
fue por él menospreciada
la noche del desposorio,
y con una dama suya
casada otra vez, ha roto
la ley de Dios retirando
el primero matrimonio.
Los senadores ha muerto,
desterrado vive Andronio,
y premiando a quien me mate

huyo en este traje tosco.
Pero todo aquesto es nada,
que de lo que más me asombro,
es que a Dios pierde el respeto.
Los simulacros devotos
de Cristo y su madre y santos
echa en el fuego furioso
y la adoración les niega;
prisiones y calabozos
de mil católicos llenos,
para el martirio están prontos,
por no seguir las blasfemias
de este bárbaro furioso.
¿Este emperador tenéis,
capitanes belicosos?
¿Éste consentís que viva?
¿Acaso es por los tesoros
que con vosotros reparte?
Yo sé que no; porque solo
los gozan los lisonjeros,
truhanes, rameras y otros
semejantes en sus vicios,
pues ha un año que estáis todos
sin pagas y despreciados.
¡Alto, soldados famosos!
Sacudid este vil peso
de vuestros honrados hombros,
y muera aqueste tirano
de Grecia y del mundo oprobio.

Uno   ¡Leoncio, semper augusto,
                viva y reine!

Todos   ¡Viva Leoncio!

Leoncio	No, soldados, otro habrá más digno del cargo honroso que me dais.
Todos	¡Leoncio viva!
Leoncio	Legiones de Armenia, hoy pongo en vuestras manos mi vida,
Todos	¡Viva Leoncio! ¡Viva Leoncio!
Leoncio	Pues emperador me hacéis, desde hoy a mi cargo tomo vuestra defensa; marchad a Constantinopla todos, que allí el de Chipre me aguarda con armas, gente y socorro en venganza de su injuria. ¡Cielo benigno y piadoso, ya miro cierto y cumplido el pronóstico dichoso de mi imperio; no permitas que tenga fin lastimoso! ¡Alto, a Grecia, capitanes, que os aguardan sus tesoros!
Uno	¡Muera el loco Constantino!
Todos	¡Viva Leoncio! ¡Viva Leoncio!

(Vanse, llevándole en brazos; suena dentro ruido de caja y gritan. Salen Constantino, Macrino y otros.)

Constantino	No vengo a cazar fieras ni es mi intento
	que tras el oso o tigre el lebrel ladre;
	cesen las voces que atronáis el viento,
	que aquesta caza no es razón que os cuadre.
	Si en ella pretendéis darme contento,
	en vez de jabalí cazad mi madre,
	que ella es la presa que pretendo sola.

(Sale Lidora de caza.)

Lidora	Cazadores, ¿qué hacéis? Dadme a Carola.

Constantino	¡Oh, mi nueva Diana! A veros Febo
	en ese traje, que érades creyera
	su antigua Dafne, y con curso nuevo
	segunda vez gozaros pretendiera.

Lidora	Como solo con vos el gusto cebo,
	Dafne esquiva para Febo fuera
	vueltos laurel mis desdeñosos brazos,
	que solo son de vuestro cuello lazos.

Constantino	El Sol, que aquese disfavor escucha,
	intenta, por vengarse, que os ofenda
	de su luz el calor que ahora es mucha;
	haced, mi bien, que os armen una tienda
	al pie de aquella encina, mientras lucha
	mi amor con vuestra ausencia, porque emprenda
	el fin que intento, y vuestro gusto trace
	cuando a mi madre con Carola cace.

Lidora	Pedidme albricias cuando halléis la infanta,
	que a fe que he de intentar nuevos favores,
	y porque Apolo su cenit levanta,

adiós, querido esposo.

Constantino   Adiós, amores.
¡Alto, amigos! No quede peña o planta
que no busquéis, pues de los cazadores
el que hoy lo fuese de mi madre Irene
ser cazador mayor por premio tiene.

Cazador I   Dichoso quien tuviere tal ventura;
señores, cada cual tome el camino
distinto y busque solo la espesura.

Cazador II   Bien dices; irme solo determino.

Constantino   Gana de dormir tengo.

Macrino   Pues procura
al margen de este arroyo cristalino
recostarte, o al pie de aquellas hayas,
que yo te guardaré.

Constantino   Pues no te vayas.

(Échase a dormir.)

Macrino   El apacible sitio me convida
de aquella zarza con taray funesto
y parras enlazada y retejida.
Adiós, durmióse; el sueño tiene presto;
a mi zarza me voy que en ella anida
un ruiseñor y es agradable el puesto.
¡Que el sueño ponga a un hombre de esta suerte!
Bien dicen que es imagen de la muerte.

(Échase a dormir. Descúbrese una rueda grande, a cuyos pies estará Constantino durmiendo, y en la cumbre estará asentada Irene, armada, con espada, mundo y corona, y a un lado Carola, que va subiendo, y a otro Leoncio, cabeza abajo, como que se precipita; y a una parte la Fortuna, vendados los ojos, la cual dice primero de dentro.)

Fortuna   ¡Ah, Constantino!

Constantino   ¿Quién mi sueño asalta?

Fortuna   La que es más variable que la Luna;
                 la que al tiempo mejor se muda y salta.

Constantino   ¿Qué quieres, diosa ciega e importuna?

Fortuna   Tu silla derribar, que está muy alta.

(Descúbrese la rueda.)

Constantino   ¿Qué rueda es ésa?

Fortuna   La de la Fortuna.

Constantino   ¿No estaba encima yo, mudable rueda?
                 Pues ¿cómo estoy abajo?

Fortuna   Como rueda.

Constantino   ¿Quién es aquella, pues, que en lo alto tiene
                 el trono que he heredado de mi padre?

Fortuna   Ésta es, cruel, la emperatriz Irene,
                 que ya se menosprecia en ser tu madre;
                 presto verás que a castigarte viene,

pues porque al cielo tu castigo cuadre,
a cuyos santos das tantos enojos,
te ha de sacar aquesos viles ojos.

Constantino   Temerosa visión, Fortuna loca,
¿portan pequeña culpa, pena tanta?

Fortuna   Según la que mereces, ésta es poca.

Constantino   ¿Quién es ésa que sube y se levanta
en tu rueda, que a envidia me provoca?

Fortuna   Carola es ésta, la inocente infanta
a quien risueña, su fortuna esquiva,
la mano ha dado porque suba arriba.

Constantino   Su virtud lo merece; y ¿qué soldado
es aquél, diosa fácil, a quien quitas
la corona imperial que le habías dado
y al suelo de tan alto precipitas?

Fortuna   Leoncio es, que el imperio te ha quitado,
a quien prenderá Irene.

Constantino   Al fin limitas
en el caer, si en el subir; ¿y es cierto
que es emperador?

Fortuna   Sí.

Constantino   Pues ¿no era muerto?

Fortuna   Vida tirana por tu daño tiene,
y ya llega a prenderte.

Constantino	¡Ah, de mi guarda!

(Ciérrase la apariencia.)

¡Filipo! ¡Lesbio! ¡Alesio! ¿nadie viene?
¡Ah, Macrino!

(Sale Macrino.)

Macrino	Señor, ¿quién te acobarda?
Constantino	Prende a Leoncio, da la muerte a Irene, saca la espada.
Macrino	Ya la saco, aguarda.
Constantino	Mata a Carola.
Macrino	Ten, señor, sosiego.
Constantino	¿A Leoncio no ves monarca griego?
Macrino	Soñando estás, que no hay persona alguna en todo aquesto que inquietarte pueda.
Constantino	Luego ¿no ves la rueda de Fortuna?
Macrino	¿Qué rueda o qué Fortuna?
Constantino	Vi su rueda, y en ella, hasta la esfera de la Luna, está mi madre, que en su cumbre queda. Sube Carola, cae Leoncio al suelo,

y yo, abatido, mi prisión recelo.

Macrino   Déjate de eso, gran señor, sosiega,
pues, es creer en sueños, desatino.

Constantino   ¿Leoncio, cielos, en mi silla griega?

(Salen dos criados, uno tras otro.)

Criado I   Huye la muerte, invicto Constantino,
que ya Leoncio en busca tuya llega
con la gente de Armenia.

Constantino   ¿Ves, Macrino,
cómo soñé verdad?

Criado I   Toda tu gente
le llama augusto césar del oriente.
    Entró en Constantinopla, y en la plaza
la corona le dio su patriarca,
y sabiendo que aquí viniste a caza,
te viene a dar la muerte.

Criado II   Gran monarca,
el de Chipre las olas embaraza
al pie de aqueste monte, echando a tierra
gran multitud de gente en son de guerra.

Constantino   ¡Todos son contra mí! Mas no me espanto,
que he sido contra todos, ¿No hay do pueda
huir la muerte, pues el cielo santo
es mi enemigo y su favor me veda?
Seguí mis torpes vicios hasta tanto
que me han puesto debajo de tu rueda,

Fortuna vil. ¿Por qué razón me infamas?
¡Mas, ay, que eché los santos en las llamas!

(Vanse. Sale Carola vestida de pieles.)

Carola   Ya creí, Fortuna airada,
que viviendo entre las fieras
me dejaras y estuvieras
con mis desdichas vengada.
    Mas, pues hasta aquí me sigues,
mi muerte te es de importancia,
dime, pues, ¿por qué ganancia,
Fortuna vil, me persigues?
    ¿Cuándo entiendes de poner
fin a tu venganza fiera?
Tenme lástima, siquiera
por ser, como tú, mujer.
    Mas —¡ay cielos!— que imagino
que ya mi fin se llegó.

(Tocan de dentro cajas. Salen marchando Leoncio y soldados.)

Leoncio   No seré emperador yo
mientras viva Constantino.
    Buscadle, que mi rigor
en su oprobio y vituperio,
me trae por cazar su imperio,
a caza del cazador.
    Pero ¿qué mujer es ésta
que aquí llora, triste y sola?
Cielos, ¿no es ésta Carola,
infanta? Haga Chipre fiesta,
    si sois vos; albricias pida
la Fama por tantos bienes.

Carola	¿Qué es esto Leoncio? ¿Vienes para dar fin a mi vida? 　¿Envía por mí el augusto Constantino?
Leoncio	Yo, señora, soy solo el augusto ahora, que de vuestro gusto gusto. 　El lauro imperial me ha dado Grecia de todo el oriente, y de que estáis inocente el rey de Chipre informado. 　Justas venganzas concierta y con ejército viene en mi favor, aunque os tiene él y Roselio por muerta. 　Yo le dejé satisfecho de vuestro mucho valor.
Carola	Si resucita mi honor, cielo, poco mal me has hecho.
Leoncio	¿Quién os pudo sustentar sola en aquesta espesura?
Carola	Quiso mi suerte y ventura que, habiéndome echado al mar 　casi muerta, a tierra vino a darme el vital favor Irene, con un pastor que, huyendo de Constantino, 　en este desierto tiene más amparo que en su hijo.

Leoncio (Aparte.)   (Ya mi perdición colijo,
si halla mi campo a Irene.
   Importaráme quitarla,
si quiero imperar, la vida
antes que sea conocida.)
¿Dónde, infanta, podré hallarla?

Carola   ¿Qué es lo que quieres hacer?

Leoncio   ¿Que? Respetarla y tenella
por señora, pues es ella
quien me ha dado vida y ser.

(Aparte.)   (Otro intenta el corazón.)

Carola   Si eso es así, vamos donde
de su propio hijo se esconde.

Leoncio (Aparte.)   (Ya temo mi perdición.)

(Gritan adentro.)

Todos   ¡Viva Irene, viva Irene!

Leoncio (Aparte.)   (¿Qué es esto, Fortuna esquiva?)

Todos   ¡Viva Irene, Irene viva!

Otro   A Irene el imperio viene.

(Sale un Soldado.)

Soldado   Todo tu campo, señor,
se amotina; en salvo ponte,

que hallando a Irene en el monte
huyendo con un pastor,
  el ejército la aclama
por emperatriz augusta
y ya de tu muerte gusta
y a voces tu nombre infama.

Leoncio   ¡Ah! ¡Variable Fortuna,
qué poco estuviste queda!
¡Subírteme en tu vil rueda
hasta el cerco de la Luna,
  y ya me vences y ultrajas!

Todos   ¡Viva Irene, Irene viva!

Leoncio   ¿Por qué me subiste arriba
pues que tan presto me abajas?

Uno   Emperatriz es Irene,
ella viva, Leoncio muera.

Carola   ¡Cielos! Pues Irene impera,
¿qué aguardo? Pero ya viene.

(Salen Irene y soldados.)

Irene   A lo menos en prisión,
soldados, es bien que esté
quien a su emperador fue
traidor; que, si por razón
  me da que sus desvaríos
le obligaron a negarle
la obediencia y a quitarle
su imperio y sus señoríos,

responderé que no hay ley
ni razón ninguna hallo
con que despoje un vasallo,
por malo que sea, a su rey.
   No quiero la muerte darte,
aunque la pida tu error,
que un hereje emperador
a aqueso pudo obligarte.
   Pero con tenerte preso
castigaré tu traición.

Leoncio   Tus pies en mi boca pon,
pues mi locura confieso,
   goces señora mil años
del mundo la redondez,
que te conoce otra vez
por su augusta.

Irene   Ya los daños
   de nuestra persecución,
infanta, se han acabado;
ya el cielo aclaró el nublado
de su oscura confusión.
   Vos imperaréis conmigo,
dadme los brazos.

Carola   Ya he dado
por feliz mi mal pasado.

Irene   Buscad a aquese enemigo.
   Castigaré la malicia
con que a tantos ofendió,
que, aunque soy su madre yo,
es mi madre la justicia.

Pero ¿qué es esto?

(Suenan cajas. Salen marchando el Rey de Chipre, Roselio y soldados, y sacan a Lidora y a Constantino. Sin espada sale también Andronio.)

Rey
                    ¡Tirano!
De los hombres destrucción,
para tu imperio Nerón,
para tu Dios Diocleciano.
    El cielo, que tu mal traza,
me forzó a desembarcar
donde pudiese vengar
mi injuria.

Constantino   ¡Ah infelice caza!

Carola   ¿Mi padre no es el que aquí,
cielos, con mi hermano veo?
¡Padre mío!

Rey
                    ¡Si el deseo
no me hace salir de mí!
    ¿Carola es ésta?, Mas no,
que es muerta. ¡Fortuna esquiva!

Roselio   Bella hermana, ¿que estás viva?

Carola   Sola mi pena murió.
    Dejóme la vida el mar
que vosotros perseguistes.

Rey   Años largos, canas tristes,
bien os podéis alegrar.
    Aquesos brazos enlaza

132

a aquesta vejez prolija,
y muera yo luego, hija.

Tarso   ¡Dichosa y alegre caza!

Carola   Habla a la emperatriz griega.

Rey   ¿A quién?

Carola   A Irene, por quien
hoy nos vino tanto bien,
y a quien Grecia alegre entrega
  el imperio que otra vez
gozó.

Rey   Qué, ¿aquí estáis señora?
A la cumbre llegó ahora
de sus dichas mi vejez.
  Y pues el cielo ha querido
que otra vez por tal misterio
subáis al famoso imperio
que este tirano ha perdido,
  juzgadle, señora, vos,
que aunque escondido le hallé
y en él vengar intenté
mis injurias, pues que Dios
  os hizo juez superior,
su castigo ejecutad
como madre con piedad,
y como juez con rigor.
  También esta mujer, loca
por vos juzgada ha de ser,
aunque el ser como es mujer
a lástima me provoca.

Irene

Yo recibo, sabio rey,
los presos de vuestra mano,
y si en Roma hubo un Trajano
tan observante en su ley,
    dejar en Grecia colijo
memoria que al mundo cuadre,
sacando, aunque soy su madre,
los ojos de un traidor hijo.

Carola

Eso no, si es justa cosa
que en aquesta ocasión llegue
a vuestras plantas y ruegue
por Constantino su esposa.
    Perdonadle, si merezco
su vida; llegad los dos.

Irene

Juez de la causa de Dios
he de ser. No me enternezco
    con ruegos. Llevadle preso
a una torre y denme cargos
todos de sus vicios largos,
que sustanciado el proceso,
    sin que me ablanden los llantos
de su esposa, haré de modo
que quede vengado todo
el mundo, Dios y los santos.
    Esa mujer que os sirvió,
por vos sea castigada,
que, pues fue vuestra criada
y siéndolo os injurió,
    infanta, el mayor castigo
que al presente puedo darla
me parece es entregarla

a su mayor enemigo.

Carola   Pues no lo tengo de ser
con ella en esta ocasión;
antes, sí mi intercesión
con vos algo ha de poder,
  os suplico perdonéis
a Leoncio desde ahora,
como reciba a Lidora,
por mujer si os parecéis.

Irene   Que se casen es razón.
Emperadores han sido
y a un mismo tiempo han caído
del imperio y su ambición.
  Sea su esposa, y si lo niega
dadle muerte.

Leoncio   Yo, señora,
digo que quiero a Lidora.

Lidora   ¡Yo y todo! ¡Ay, Fortuna ciega!

Irene   De secretario mayor,
Tarso, el oficio tendrás,
y con el cargo darás
indicios de tu valor
  digno, que le envidió el mundo.

Tarso   Tus pies imperiales beso.

Irene   No estoy contenta con eso,
en premiarte más me fundo.

135

Tarso	Das señora testimonio de quien eres. Ya estoy rico.
Rey	Pues yo también os suplico que, dando perdón a Andronio, le volváis a su privanza, que huyendo de Constantino a valerse de mí vino.
Tarso	Baste la burla en venganza que le hice disfrazado de mujer.
Irene	Yo, Rey, concedo cuanto pidáis.
Rey	Y yo quedo por mil partes obligado.
Irene	¿Dónde al príncipe mi nieto dejaste, Tarso?
Tarso	Escondido en un roble le he tenido, temiendo el mortal aprieto en que la persecución nos puso de Constantino.
Irene	En su nombre determino gozar de la posesión del imperio; ve por él, y a Constantinopla vamos donde bautizar le hagamos.

Carola	Yo con mi padre y con él irme a Chipre determino, porque no podré sufrir en toda Grecia vivir viendo preso a Constantino.
Irene	Quédese, pues, el infante por general de la guerra en todo mi imperio y tierra, que de este cargo importante es digno.
Roselio	Tus plantas beso.
Irene	¡Alto! ¡A mi corte, soldados, que en ella seréis premiados como merecéis!
Todos	Con eso danos, señora, esos pies.
Uno	¡Viva Irene!
Todos	¡Viva Irene!
Tarso	Este fin, senado, tiene la república al revés.

Fin de la comedia

Libros a la carta

A la carta es un servicio especializado para
empresas,
librerías,
bibliotecas,
editoriales
y centros de enseñanza;
y permite confeccionar libros que, por su formato y concepción, sirven a los
propósitos más específicos de estas instituciones.

Las empresas nos encargan ediciones personalizadas para marketing editorial o para regalos institucionales. Y los interesados solicitan, a título personal, ediciones antiguas, o no disponibles en el mercado; y las acompañan con notas y comentarios críticos.

Las ediciones tienen como apoyo un libro de estilo con todo tipo de referencias sobre los criterios de tratamiento tipográfico aplicados a nuestros libros que puede ser consultado en Linkgua-ediciones.com.

Linkgua edita por encargo diferentes versiones de una misma obra con distintos tratamientos ortotipográficos (actualizaciones de carácter divulgativo de un clásico, o versiones estrictamente fieles a la edición original de referencia).

Este servicio de ediciones a la carta le permitirá, si usted se dedica a la enseñanza, tener una forma de hacer pública su interpretación de un texto y, sobre una versión digitalizada «base», usted podrá introducir interpretaciones del texto fuente. Es un tópico que los profesores denuncien en clase los desmanes de una edición, o vayan comentando errores de interpretación de un texto y esta es una solución útil a esa necesidad del mundo académico.

Asimismo publicamos de manera sistemática, en un mismo catálogo, tesis doctorales y actas de congresos académicos, que son distribuidas a través de nuestra Web.

El servicio de «libros a la carta» funciona de dos formas.

1. Tenemos un fondo de libros digitalizados que usted puede personalizar en tiradas de al menos cinco ejemplares. Estas personalizaciones pueden ser de todo tipo: añadir notas de clase para uso de un grupo de estudiantes,

introducir logos corporativos para uso con fines de marketing empresarial, etc. etc.

2. Buscamos libros descatalogados de otras editoriales y los reeditamos en tiradas cortas a petición de un cliente.

www.ingramcontent.com/pod-product-compliance
Lightning Source LLC
Chambersburg PA
CBHW020204090426
42734CB00008B/932